極北のひかり

松本紀生
Norio Matsumoto

[前頁]初春の北極圏。白夜の日差しがツンドラの大地を緑へと蘇らせる。9カ月にもおよぶ厳冬を乗り越えた無数の動植物が、そのつかの間の命を謳歌する季節が始まる。

夢にまでみたカリブーの大群。丘の向こうには、おそらくこの何十倍もの個体がひしめきあっていたことだろう。とめどない大行進の真っ只中に、あの日自分は確かにいたのだ。

のけぞるように宙を舞うザトウクジラのジャンプ。ブリーチングと呼ばれるこの行動を
見かけない日はないものの、広い海のこと、大抵は遥か遠く、米粒ほどにしか見えない。

360度の紅葉に独りたたずみ、想像をめぐらせる。山の背後にはさらなる紅葉が広がり、果てが見えぬほどに延々と続いている—。誰の目にも触れることのない、辺境の宝物。

揺れ動くオーローラがデナリの上空を染め上げる。氷点下40度での撮影にもかかわらず、汗をかきながらシャッターを切る。体の奥底から噴きあがる歓喜を感じながら。

極北のひかり

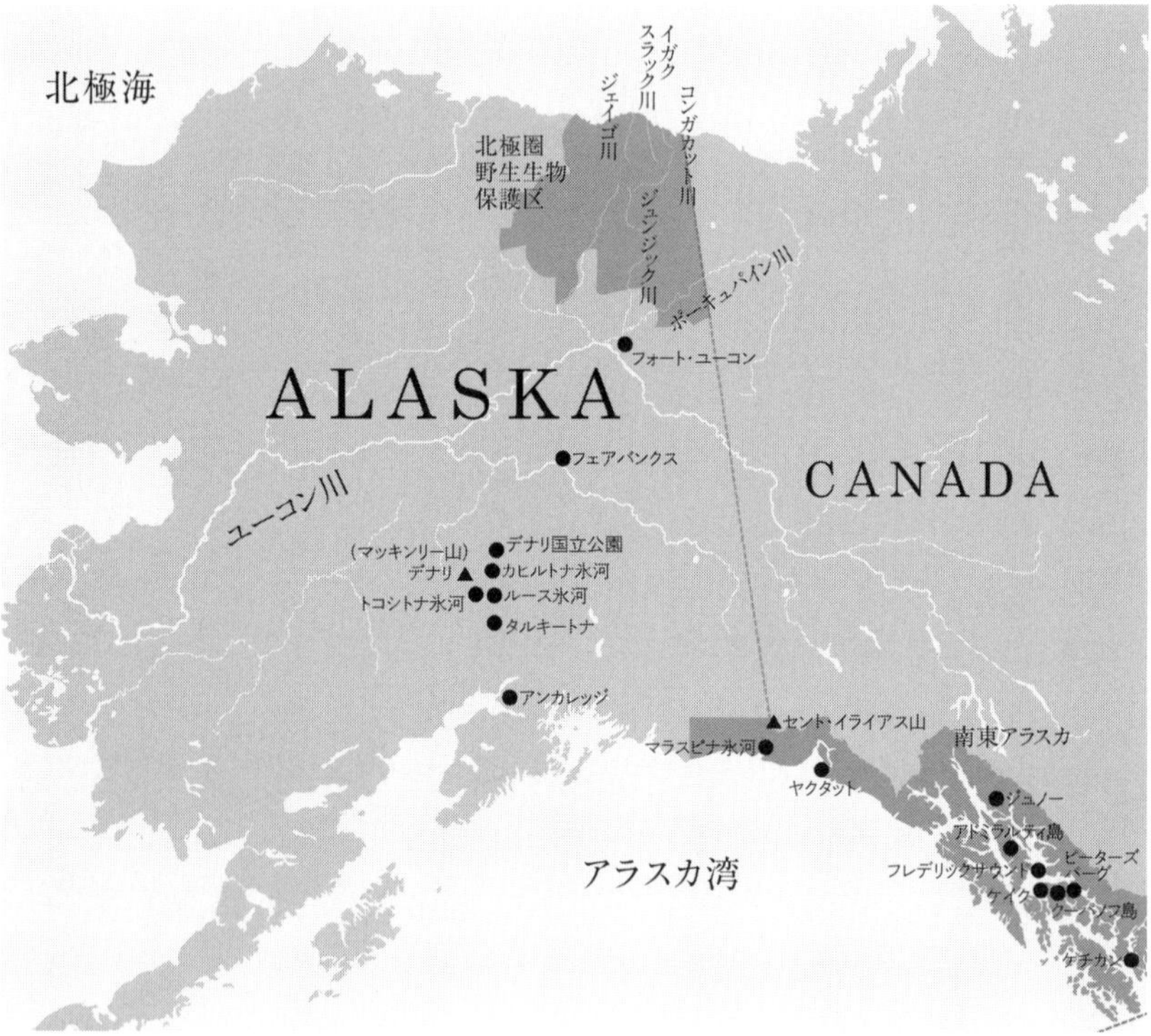

北極海
イガク
スラック川
ジェイゴ川
コンガカット川
北極圏
野生生物
保護区
ジュンジック川
ポーキュパイン川
フォート・ユーコン
ALASKA
フェアバンクス
CANADA
ユーコン川
デナリ国立公園
（マッキンリー山）
デナリ
カヒルトナ氷河
トコシトナ氷河
ルース氷河
タルキートナ
アンカレッジ
セント・イライアス山
マラスピナ氷河
南東アラスカ
ヤクタット
ジュノー
アドミラルティ島
ピーターズバーグ
フレデリックサウンド
ケイク
クーパノフ島
ケチカン
アラスカ湾

目次

写真　松本紀生
装幀　島田隆

序章　埋み火

初めてアラスカを訪れた夜、オーロラを目にした。日本の大学からアラスカ大学へ編入するために受けたTOEFL（英語の試験）の点数が足りず、不合格の通知が届いたのだが、交渉して入学させてもらおうと単身アラスカへ乗り込んだ、その晩の出来事だった。

宿泊していたフェアバンクスの民宿の主人がオーロラの出現を知らせてくれ、外に出た途端、緑に煌めく夜空が目に飛び込んできた。狂ったようにうねり踊る光のカーテン——。二十年以上の時を経てなお、その光景は頭の片隅に残っている。一九九四年、二十二歳の春だった。

観光旅行であれば歓喜の瞬間だったに違いない。だが、どんなに記憶をたどっても感動らしき感情は思いだすことができない。目の前の現象をただぼんやりと眺めていたような、そんな淡い思い出しか残っていないのだ。

生まれて初めてのオーロラとの出会いにしてはあまりに素っ気ないが、これにはわけがある。翌日に控えた大学側との交渉のことで頭がいっぱいだったのだ。

その当時、アラスカ大学の入学に必要な点数は五五〇点。それに対し、一回目の試験の点数は五二七点。願書締め切り間際の二回目の試験では五四三点にアップしたものの、合格点に到達していないことに変わりはなかった。両方の結果を大学へ送り、しばらくのちに不合格を告げる郵便を受け取った。

　今にして思えば無謀なことだが、この七点の差を交渉によって埋めようとしたのである。そういうと聞こえがいいが、要は無理強いをして入学許可を得ようとしたのだった。

　頼れるものは熱意だけ。相手を説き伏せる理論も語学力も持ち合わせていない。もちろん心細い。「点数が足りないからダメだ」と一蹴されたらそれまでである。その〈熱〉を少しでも上げようと、当時住んでいた京都の新京極で真っ赤なタートルネックのセーターを買ったことを憶えている。

　そして翌日。結論からいうと、あっさり合格してしまった。交渉して勝ち取ったわけではない。どうやら大学側には第一回目の試験の点数しか届いていなかったようなのだ。「五四三点なら合格よ」という女性職員のあっけらかんとした口調と、自分の複雑な心中とのすり合わせに戸惑いながらも、深く安堵した。何より、厳格であるはずの合格基準を鼻で笑うかのような大らかさに、嬉しい驚きを覚えた。思えばこれが、最初に〈アラスカ〉を実感した出来事であった。

　ともあれ、こうしてアラスカ大学フェアバンクス校へ通うことになった。そこで一年を過ごしたあと、州都・ジュノーにある同大サウスイースト校へ編入し、二〇〇〇年に卒業することとなる。在学中は、撮影資金を稼ぐために二年間にわたり休学をし、日本で土木作業員としてアルバイトをした。

アラスカを撮る写真家になる——。決心のうえでの渡米だった。現地に身を置き、被写体を理解したうえでシャッターを切る。そんな夢を抱いて未知の極北へと渡ったのだった。

写真はまったくの独学である。学校で授業を受けたことは一度もない。時間を見つけて外へ出てはヘタな写真を撮り続けた。己の感性で表現をする写真という芸術を、誰かから学ぼうとは考えなかった。教えられたとおりの構図やテクニックで撮った写真が仮に高く評価されたとしても、おそらく自分は嬉しくないだろう——そう感じたのである。

当時はまだデジタル一眼レフカメラは発売されておらず、フイルムカメラを使っていた。アラスカへ持っていったのは、京都のカメラ店で初めて購入したニコンのボディと、二十四ミリ、そして三百ミリのレンズだった。

フイルムを入れ忘れたことに気がつかないままシャッターを押し続けたり、撮り終えたフイルムを巻き取らずにカメラのカバーを開けて、せっかく撮った写真を感光させてダメにしたりと、失敗には事欠かなかった。

最初に撮影したのはアカリスだ。大学構内に広大な森があり、餌をついばむ姿がそこかしこで見かけられた。授業のない真冬の週末、氷点下四十度の中、ありったけのセーターやジャンパーを着込んで、木々の間に何時間も座ったものである。警戒心の強いリスから身を隠そうと、雪と同じ真っ白なシーツを頭からかぶってレンズを覗き続けた。撮影を終える頃には寒さから全身がすっかり硬直してしまい、ロボットのようにぎこちない動作で寮への道を歩いて帰ったのは、今となっては懐かしい思い出である。

大学では、アラスカに関連があれば何でも履修できるアラスカスタディーズというコースを選んだ。アラスカの歴史に始まり、先住民に関する民俗学や社会問題、さらには動植物の生態にいたるまで。頭に残っているかどうかは別として、食事、シャワー、トイレの時間以外は、ほぼずっと勉強をしていた記憶がある。

アラスカにあるといえどもやはりアメリカの大学である。入学に際しては色をつけてくれたとはいえ、こと成績の評価となると容赦はない。出席日数や点数不足の者は当たり前のように落第する。専門用語を交えた教授の授業は理解が難しく、卒業するまでカセットテープに講義を録音して何度も聴き返した。百科事典サイズの教科書と辞書の重みで大きく垂れ下がったバックパックを引きずるように背負う自分を、恥ずかしいなどと感じる余裕はなかった。決して安くはない学費を工面してくれた両親を想うと、いい加減な取り組みはできなかった。

そもそもなぜアラスカを選んだのか。どうして写真家を志したのか。大学を中退してまで進路を変える理由はどこにあったのか。それ以前の自分からは、まわりの誰ひとり想像できないであろう転換の兆しが現れたのは、日本の大学に入学したあとのことであった。

自分の偏差値でなんとか届くかもしれないという理由だけで、京都のとある大学を受験した。運良く合格したものの、エネルギーを注ぐべき対象も将来の目標も見出せず、ただ〈なんとなく〉日々を重ねていた。授業とは遅刻するものであり、教室の最後列は居眠りの指定席であった。そんな毎日も、そして自分自身も、たまらなく嫌だった。つきまとう違和感はやがて悩みや不安へと変容し、気がつけば口数が減り、うつむいて歩くようになっていた。

足が遠のきつつあった学校には完全に行かなくなり、いつしか外出はほぼアルバイトのみとなった。そのアルバイトも、昼間のホテルのウェイターから夜間の水商売へと深入りし、夕方から早朝までを薄暗い店内で過ごすのが日常となった。バーカウンターやカラオケの舞台を備えた店内で、客と好きでもない酒を飲み、唄に合わせて虚しく合いの手を入れたりするものの、心ここに在らずの日々が続くばかりであった。

　この先どう生きていけばいいのだろう……一度きりの人生を悔いなく生きるには何をすればいいのだろうか……。明確な答えは見つからず、かといって流されるように生きることも受け入れられなかった。

　アルバイトの休日。ワンルームの部屋で膝を抱え、ふと気づくと丸一日誰とも話をしていない。自分の精神は大丈夫なのかと、将来に対するものとは別の不安を覚えるようにもなっていた。

　それが悩み抜いた成果なのか、あるいは悩み疲れたからなのかはわからないが、ある頃から、やりたいことをやっていこう、と思いはじめた。微かに光明が差した気がした。だが今度はその肝心の〈やりたいこと〉がわからない。お前が本当にやりたいことは何なのか――。簡単なようで、明確な答えを出すのがこれほど困難な問いもなかなかないのではないかと、今さらながらに思う。

興味をひかれるものを探すうち、京都駅裏の書店の棚で一冊の本を手に取った。「アラスカ」という文字になんとなく吸い寄せられたのだ。タイトルは『アラスカ　光と風』（一九八六年／六興出版）。著者も内容も知らずに出会ったその本は、写真家・星野道夫氏によるエッセイ集だった。

星野氏の描く冒険さながらの撮影行に、しぼんでいた心が躍った。カヤックで氷河の海を漂い、ツンドラにカリブーを追う。先住民の鯨漁に参加し、厳冬期にオーロラを仰ぎ見る。

夢中で被写体を追う写真家の胸中に宿るであろう充足感がたまらなく羨ましかった。そうして作り上げた作品を多くの人に見てもらい、喜んでもらうこともできる写真家とは、なんと魅力的な職業なのだろう――。

星野氏の著書を買い揃えるにつれ、アラスカを撮る写真家になりたいという思いが高まっていった。だが簡単に叶う夢ではない。写真家になる方法はもとより、アラスカにいたっては紙の上でしか知らない世界だったからである。

それまでアラスカに対して興味をもったことは一度もなかった。例えば、中学生の頃から愛聴している歌手のさだまさしさんの曲に、アラスカを撮る写真家を唄った『極光《オーロラ》』がある。その曲の主人公・阿岸充穂氏の行動力みなぎる生き様には感服こそしたものの、唄の舞台がどこであるのかを気にとめることはなかった。どこか北の方にあるであろう、恐ろしく寒いに違いないその土地は、自分には関係のない別世界であった。

写真との関わりもごく一般の範疇を超えず、押せば写るカメラで記念写真を撮るのがせいぜいであった。さらにキャンプの経験となると、これはまったくの皆無だった。

どうすれば写真家になれるのだろう。知識も経験もない自分が果たして夢を叶えられるのだろうか。夢を追った挙句に失敗したら皆から笑われるのではないか……。

アラスカに行きさえすればなんとかなるのではないか——そう考え、旅行で訪れることを思いついた。むろん確固たる目的があったわけではない。今にして思えば、写真家への一歩を踏みだす勇気がないがゆえの〈逃げ〉に近いものであった。思い悩むだけの日々からとにかく抜けだしたかったのである。

旅の資金を貯めるには短期間で高収入が得られるアルバイトが近道だと考え、福井県にある工場の住み込みの仕事をみつけた。電子部品を製造する工場での三カ月間だけの検査工だった。京都の下宿は引き払った。

思い返すと、この三カ月間がこれまでの人生で最も陰鬱な日々であった。アラスカを訪れたとしても、それだけでは何の解決にもならないということを、自分自身よくわかっていたのだ。何のために働いているのか……何のために生きているのか……。悶々とした日々はここからさらに続くこととなる。

仕事のシフトは、主に世間が寝静まった深夜から早朝にかけて。ベルトコンベアの機械音だけが無機質に響くひんやりとした工場の片隅で、誰とも喋ることなく、うつむきながらただひたすらに、小指の先ほどの四角い部品に目を凝らす毎日。うつろな心の中には捉えどころのない不安ばかりが渦巻いていた。

就業後、期間工たちを乗せたワゴン車に揺られ寮へ戻る。コンビニの弁当を掻き込み、何かから逃げるように布団に潜り込む。眠ろうにも、昼間の明るさと先の見えない重苦がまとわりついて眠れない。そしてまた夜になると、凝り固まった体を引きずりながら、ワゴン車へ乗り込むのだった。

それでも何とかその先へ踏みだすことができたのは、深夜の工場で嫌というほど己と向き合うことで、自分が求めているとの本質が次第に見えてきたからである。

〈自分は写真家という肩書きが欲しいのではない。撮りたいものを懸命に追う過程で全力を尽くし、充実を感じられる人生を送りたいのだ〉

それこそが本当に〈やりたいこと〉だと気づいたのである。写真家になるという結果にこだわるあまり、その結果を通して何を求めていたのかを見失っていたのである。

そうとわかれば行動あるのみ。写真家になるための妙案は相変わらず見つからなかったが、つまるところ、結果と過程のいずれを求めるにせよ、懸命に取り組むべきは同じであるはず。旅行者として外からアラスカを眺めるのではなく、現地の大学へ進み、そこで暮らすことで、被写体への理解を内側から深めたいと考えたのだった。

では、求めるものの本質に気づくことができたのはなぜだったのだろう。思い返してみても、特に契機があったわけではない。ただ、似たような感情を抱いた経験ならば、たどることができる。中学生の頃のことである。

体育館での学年集会の折、もっと勉強しなさいという趣旨の話の中で、ある先生が壇上でこう話をした。

「どんなに努力をしても、それが結果として表れなかったら、それは努力が足りないんだ」

聞いた途端、全身が熱くなるのを感じた。〈それは違う〉と思ったからだ。努力をした当人が自分の頑張りに心から納得しているのであれば、それ以上、誰も、何も、言う必要はないのではないか。努力という過程を評価するのはあくまで本人であって、先生でもテストの点数でもないはずだ――。

むろんそんなことを先生に言えるはずもなく、ほかの誰にも公言はしていない。自分の意見が正しかったと断言できるわけでもない。

ただこのことがずっと、埋《うず》み火のように、体の芯に残り続けた。大切なのは結果よりも過程なのではないか――そんな心の声を強く意識した、初めての出来事だった。


現在はアラスカを撮る写真家として活動している。写真を撮るのは一年のうち約半分。残りの半年間は日本で暮らし、自宅で原稿を書いたり、スライドショーで全国をまわったりしている。

写真家としては誇るべきことではないのかもしれないが、数年前に一度だけカメラメーカーの依頼を受けたきり、日本ではまったく写真を撮っていない。カメラやレンズ、備品にいたるまで、すべてアラスカに置いてある。アラスカを撮りたくて写真家になった。意地を張っているわけではなく、心から撮りたいと思うものしか撮らないというのは、自分にとってはごく自然なことなのである。

アラスカへ渡るのは年二回。六月から九月までの春、夏、秋と、一月から三月までの冬の期間である。現地滞在中は、移動を除き、ほぼすべての時間を誰もいない原野での撮影に充てている。

まずは春の六月。太陽の沈まない白夜の北極圏へと赴く。数千年にわたり、人知れずこの地への移動を繰り返してきた生き物たちがいる。カリブーだ。ツンドラを覆い尽くすその大群との遭遇を求めて、テントを張り、ひたすらそのときを待つ。
七、八月の舞台は、温帯雨林とフィヨルドの海に囲まれた夏の南東アラスカ。ここにはザトウクジラたちがエサを求めて帰ってくる。シャチやトド、ラッコやアザラシも集う豊穣の海。無人島でキャンプをし、ゴムボートを操りながら巨鯨と対峙する。川を埋め尽くすサケ、それをむさぼるクマの母子。豊かさとは何か。自然の語りかけが胸に染み入る季節でもある。
九月。再びの北極圏はすでに秋を迎えている。大地を埋め尽くす紅葉が燃え盛る大海と化し、その広がりは永遠を想起させる。地球に残された宝物のような絶景を独り占めしながら、夢中でシャッターを切る。

帰国後、秋と初冬を日本で過ごし、正月明けにアラスカへと渡る。厳寒の山岳地帯に広がる氷河の上でオーロラを待つのだ。村から目的地までセスナで飛ぶこと百キロメートル。北米大陸最高峰・デナリ（旧名マッキンリー山）の麓に降ろしてもらい、周辺の氷河上でひと冬を過ごす。自作のかまくらを住居とし、雪と氷と岩だけに囲まれた氷点下四十度、無音の雪原で夜空を見上げ続ける。

それぞれの撮影行は数週間から長いときで約二カ月間。電気、ガス、水道はおろか、人工物の一切ない、文明から隔絶された最果ての地がフィールドである。ほぼすべての旅を単独で行うため、期間中は人と会うことはまれで、妻と衛星電話で話をする以外は口を開くこともない。

これからお伝えするのは、いずれも、被写体に対する自分の熱量と、撮影行を通して得られる充足とを兼ね揃えた旅についての話である。それが現代社会を生き抜くことに何かしら関わりのあることなのか、仮にあったとしても、それが本書を手にしてくれた人にとって幾ばくかのヒントや拠り所に値するものであるのか、正直に申し上げて自信はない。だが、生き方を模索していたひとりの人間が、彼の地と関わり、四半世紀を経た現在にいたるまで、一生を賭けるに足る対象に出会えた喜びを感じている——そのことだけは確かである。

極北の四季をめぐる旅、まずは春から綴ってみたい。

第一章　北へ

ポーキュパイン・カリブーは年間五千キロメートルにもおよぶ季節移動を繰り返す野生のトナカイである。その移動距離は陸上哺乳類としては世界最長を誇る。〝ポーキュパイン〟とは、このカリブーたちの生息地を流れる河川の名前である。

北極圏に春がおとずれるのは六月のこと。雪解けに導かれるように、約二十万頭のカリブーたちが、アラスカ内陸部およびカナダから、北極圏最北端へと移動する。出産と子育てに適した環境を求めての旅だといわれている。その移動経路や正確な時期は、気候、天敵との関係、河川の増水具合など、さまざまな要因に左右されるため、予知は不可能である。当のカリブーにさえもわかっていないであろう。

その移動の過程で、ときに彼らは巨大な群れを形成することがある。過去には十万頭にもおよぶ大群が、見渡す限りの風景を埋め尽くしたこともあるという。そんな伝説の光景との遭遇を夢見て北極圏に通いはじめ、あっという間に十一年の歳月が流れた。

幅五十メートルほどのイガクスラック川の両岸を、岩や緑に覆われた山脈が延々と連なる。まだ冬の枯れ草に覆われたツンドラに見え隠れするのは、コーヒー豆をばらまいたようなカリブーの糞だ。

小型飛行機（セスナ）で降り立ったのはむき出しの地面である。滑走路など存在しない原野での着陸の成否は、平らな土地を見つけられるかどうかが鍵となる。果てしなく広がる北極圏のこと、平地などどこにでもありそうなものだが、実際のところ、離着陸に必要な二百メートル以上の平らな土地となると、そう簡単には発見できない。自然界に直線は存在しないという言葉を思いだす。

セスナはエンジンの爆音を引きずりながら飛び去っていった。これから約三週間、パイロットはおろか、ほかの誰とも会うことはないであろう。

ひとりきりで長期間を過ごすため、恐怖や孤独に打ち克つ強い精神力を有しているかのように思われることがあるが、その見立ては自分には当てはまらない。ひとりきりで都会の一室に閉じ込められることには耐えられそうもないが、大自然での日々に寂しさを感じることはない。そもそも、好きでやっていることである。精神力は必ずしも必要ではない。自分を支えてくれているのは、内面から湧き起こる〈やりたい〉という強い気持ちなのである。

辛いことがないといえば嘘になるが、そのためにアラスカでの撮影をやめたいと思ったことは一度もない。もとより、恐怖や孤独に苛《さいな》まれるようであれば、地の果てのような極北の辺境までわざわざ行ったりはしないであろう。

大自然の真っ只中。河のせせらぎだけが風に乗って聞こえてくる。

セスナを降りて、まずはキャンプ地を探す。整備された〝キャンプ場〟があるわけではなく、あるがままの大地で暮らすことになる。まわりの環境を見極め、テントを張るのに適したサイトを見つけだす。

この恒例行事が実はなかなかに楽しい。辺り一面、自分の土地のようなものである。どこにテントを立てようと自由なのだ。

利便性と河川の氾濫の可能性とを考慮し、水場である河からは近すぎず遠すぎずの場所がいい。テントの入り口を北に向けることで、猛暑日のテント内に北からの涼風が吹き込むようにしておく。さらに、テント内から雪をかぶった遠くの山々の眺望を得ることができれば、これ以上望むものはない。

テントは三人用を二つ用意する。すべての荷物を背負って歩くバックパッキングの旅ならば、テント二張りを用意するなど論外であろう。だが、自分のように一箇所で長期間滞在しながら撮影を行う場合には、移動の必要がないため、装備の重量は大きな問題とはな

パイロットとセスナに命を預けての移動。信頼のおける同じパイロットと組むと決めている。
入念にメインテナンスされた小型機の寿命は長く、このセスナは1976年製。

らない。それよりも、いかに安全かつ快適に暮らすことができるかが重要となる。

ひとつ目のテントは生活用である。寝泊まり、および悪天候による停滞日をこの中で過ごす。撮影機材や衣類などもテント内に入れるため、三人用といえども横になるスペースしか残らない。

もうひとつのテントは食料用として使用する。ヒグマ対策である。

アラスカではどこで野営をする際にも常にクマの危険が伴う。州内にはクロクマ、シロクマ、そしてヒグマが生息し、そのいずれもが、研ぎ澄まされた嗅覚で食べ物のありかを探し当て、近づいてくるのだ。

そのため、食料は生活用テントの中はおろか、付近にも置いてはいけない。森林地帯であれば枝に吊るして保管する方法もあるが、木の生えない北極圏最北端ではそのオプションもない。そこで、食料専用のテントを用意し、食材の保管および調理・食事用として使用するのである。

この食料用テントは生活用テントとは百メートルほど離して設営する。これも生活用テントへのヒグマの接近を防ぐためである。

テントを見つけたヒグマは、それが何であるかを確かめるため、中身を探ろうとする。

その際、もしテント内に人間がいたらどうだろうか。人間はもちろん驚くが、それはヒグマとて同じである。パニックに陥り、自分を守ろうと過剰に反応するあまり、人間を傷つけてしまうのである。

そんな事態は、人間はもとより、ヒグマにとっても不幸なことである。なぜならば、人を襲ったヒグマは、ほどなく人間によって処分されてしまうからだ。

そこで、共存を見据えた工夫が必要となる。

二つのテントそれぞれをクマよけの電気柵（ベアーフェンス）で取り囲むのである。ボクシングのリングのミニチュア版とでも例えられようか。アーチェリーの矢のようなポールを四隅に立て、そのすべてにスパゲティほどの太さの二本のワイヤーを渡す。一辺の長さは約五メートルとなり、テントひとつをゆったりと囲むことができる。

そのワイヤーに単三電池を使って電流を通す。二本の電池で約三日間、九千五百ボルトの電流が流れ続ける仕組みとなっている。充電可能な電池を複数用意し、折りたたみ型のソーラーパネルで充電をし、取り替えながら使う。

このベアーフェンスは、収納すると折りたたみ傘二つ分ほどのサイズとなる。小型、軽量であることに加え、価格も四万円ほどと、命を守る装置の値段としては決して高くはない。

ヒグマは物体に鼻で触れることで、それが何であるかを確認しようとする習性がある。テントに近づいてきたヒグマは、手前に張りめぐらされたオレンジ色のワイヤーに目がとまり、それを鼻でつつくというわけだ。その途端、湿った鼻先を電流が打ちつける。電流にはクマを死に至らしめるほどの威力はないが、ショックを与えるには充分である。

自分も実際にワイヤーに手で触れたことが何度かある。針金でビシッと打たれたような衝撃が指先に走る。一度でもこのショックを味わったことのあるヒグマは、二度とベアーフェンスには触れないようだ。製品を紹介するインターネット上の動画では、ワイヤーに触れないように、その隙間から餌に手を伸ばそうとするクマの様子を見ることができる。

ヒグマの研究者であるアンカレッジ在住の友人ジョンが、奥さんのマリーベスと一緒にカトマイ国立公園でキャンプをしていたときのこと。朝起きるとテントの外からヒグマの唸り声が聞こえてきた。ジッパーを開けて外を見て目を疑った。目の前、つまりベアーフェンスの内側に一頭の子グマが入り込んできていたのだ。そしてフェンスの外には、荒く息を吐きながら歯をガチガチと噛み合わせ、明らかにうろたえた母グマの姿があった。

ジョンは落ち着いた声と動作で、ワイヤーと地面の隙間から子グマをフェンスの外へと

ベアーフェンスでテントを取り囲む。設営完了後には、
携帯用の小型検査機を用いて充分な電流が流れているかを確認する。

追いやった。母グマはその間、フェンスに触れようともしなかったそうだ。おそらく、以前に電流の衝撃を味わったことのあるヒグマだったのだろう——というのがジョンの見立てである。

何年か前に、自分の食料用テントのベアーフェンスにヒグマが触れるのを目撃したことがある。離れたところにあった生活用テントから観察していたため詳細は把握できなかったが、フェンスに近づいていったヒグマが、ある瞬間、驚いたように後ずさりし、そのまま立ち去っていくのが見えた。

アラスカの自然をフィールドに野生動物や地質を調査する多くの学者も、この種のベアーフェンスを使用している。効果は実証済みだといっていいだろう。これまでのところ自分のテントがクマに荒らされたことはない。

ヒグマ対策はこのフェンスだけではない。フェンスの外を歩く際の装備も必要だ。常に身につけているものが二つある。ひとつはクマよけのベアースプレー、もうひとつは発炎筒である。

スプレーはベルトに装着してある。ヘアスプレーほどの大きさで、噴射口付近にレバーがあり、それを押すと中の薬剤が十メートルほど勢いよく噴射される仕組みとなっている。

主成分は唐辛子で、目や鼻、喉の粘膜に激痛を与えるという。テント内の枕元には常に予備のスプレーも置いてあり、就寝中にクマに襲われたとしても即座に反撃できるようにしている。

いつでも発射できる準備はしてあるものの、向かい風の場合には使うことができない。自分に降りかかってしまうからである。期限切れのスプレーを破棄しようと中身を野外で噴射していた際に、誤って成分を吸ってしまったことがある。ごく微量の吸引であったにもかかわらず、その後数時間にわたって目が開けられないほどの痛みに苦しめられた。向かい風での噴射は、これとは比較にならないほどの悲惨な結末をもたらすのである。

そこで用意しているのが発炎筒である。大きさ、効果ともに、自動車に装備されているスティック状のものと同等である。噴き出す火花でヒグマを撃退しようというわけだ。アウトドア店で手軽に購入できる船舶用のものを一本ポケットに入れ、スプレーが使えないときに備えている。

このいずれも、クマに対して使ったことはこれまで一度もない。使う必要に迫られたことがなかったからである。

クマは人を襲う恐ろしい動物だとイメージされやすいが、実際にはそう単純ではない。

まず、よほど異常な個体でない限り、人を見ただけで攻撃してくるようなクマは、少なくともアラスカにはいないのではないかと思っている。これまで数え切れないほどのクマと遭遇してきての率直な感想である。現に、アラスカの住民の多くはクマが生息する森に気軽に散歩やトレッキングに出かけるが、彼らとて銃やライフルを携帯しているわけではない。

だが、クマを驚かせたり威嚇したりすると、この均衡が崩れてしまう。身を守ろうとする野生の本能にスイッチが入り、人を攻撃するのである。

そんな事態を避けるため、視界の悪い茂みや森を歩く際には、声を出したり手を叩いたりする必要がある。鈴を身につけるだけでは、発する音が小さすぎるため不充分である。

そこに人間がいると察知したクマは、人を避けるか、もしくは一定の距離を保つ。スプレーや発炎筒は、あくまでクマがこちらに気づかずに、目の前で遭遇してしまったときのためのバックアップである。

ベアースプレーを生き物に吹きつけたことが一度だけある。ヒグマにではない。牛に対してだ。

ジャコウウシと呼ばれる毛むくじゃらの野生の牛が北極圏に生息している。羊のような毛をまとった黒い牛、とでも表現できるだろうか。額から両眼の横にかけて三日月の形で垂れ下がる角が印象的な、比較的気性の穏やかな生き物である。

ある日のこと、コンガカット川のほとりをのっそりと歩く一頭のジャコウウシを見つけた。とりたてて写真に撮りたいとは思わなかったが、近くで観察したい衝動にかられ、三十メートルほどの距離まで歩を進めた。

あらためて見つめると、なるほど巨大だ。体重三百六十キログラムにまで成長するというのもうなずける体軀である。

さらに近づいてみたくなった。驚かせないよう〝牛歩戦術〟でにじり寄った。ウシの方はチラチラとこちらに目をやるものの、終始ゆったりと構えているふうであった。

調子にのって二十メートルほどにまで接近したときのこと、突然ジャコウウシが闘牛士に向かう暴れ牛のごとく突進してきた。反射的に走って逃げた。と同時にベアースプレーに指をかけた。撃退しないと跳ね飛ばされて大怪我をすると思ったのである。

走りながら、リレーでバトンを受ける走者のように後方に右手を伸ばし、スプレーのレバーを押した。赤い霧が勢いよく飛び出し、追っ手を遮るかのように空中に漂った。

ジャコウウシはちょうどそこに走り込んできた。もんどりうってのたうちまわるだろう、と思いきや、なんと平然としている。くんくんとその得体の知れない霧を嗅ぎながら、何事もなかったように立ち尽くしていたのだった。

突進をストップできたことはよかったが、肝心のベアースプレーの効果には疑問符がつく、なんとも不安の残る出来事となった。相手がヒグマでなかったことは幸いであった。牙をむいた猛獣にスプレーを鼻であしらわれていたら、と考えると今でもぞっとする。

おそらく、スプレーの使用期限が大幅に過ぎていたことが問題だったのだろう。噴射のアングルも正確でなかったのかもしれない。真相はともかく、それ以来、以前には気にとめることもなかった缶の隅の小さな使用期限の記載にまで目を配るようになった。


六月末。地平線上にぽっかりと浮かんだ太陽は、直視できないほどの輝きを放っている。腕時計が示すのは真夜中だ。そう、北極圏は白夜の季節である。

漢字の意味からは夜間の薄明を想像しそうだが、実際にはかなり明るい。深夜の斜陽ですら、日本で見る夕日とは比べものにならないほどギラギラとしている。その反対方向に目をやると、上空には昼間と何ら変わらない青空が広がっていたりする。

時計の用途も白夜ならではとなる。

好天時であれば太陽が目視できるため、その位置からおおよその時刻を推測することができる。だが曇天時だとそうはいかない。太陽がどこにあるかがわからず、さらに朝夕を問わず同じように明るいため、うっかりすると日付が変わったことにすら気づかないのである。ゆえに腕時計は、時の流れに置き去りにされないための大切な道具となる。

二十四時間ずっと明るいということは、時計の示す時刻に沿って生活する必要がないと考えることもできる。何時に寝て何時に起きようと構わないということである。太陽が沈んで辺りが暗くなったから寝る、といったような習慣の根拠自体が希薄になるのである。ところが、ことはそう単純ではない。夜に眠っておかないと、あとで大変なことになる。

太陽が傾く夜間は気温も低下する。とはいえ、冬季のような殺人的な低気温ではなく、低くとも氷点下になることはまれである。秋冬用の寝袋に潜り込めば、温度としては申し分のない心地よさになる。

朝になり太陽が空高く昇るにつれ、気温も比例して上昇する。照りつける日差しにさらされたテントの室温は、なんと四十五度にまで上昇することもある。もちろんテントは、入り口も出口も開け放った状態である。サウナと化したテントの中では、昼間になど到底眠ることはできない。夜の時間帯にしっかりと睡眠をとる必要があるのはこのためである。

しかしながら、そう簡単に熟睡することはできない。

とにかく明るすぎるのだ。アイマスクも決定的な解決策とはならない。なぜならば、辺りの明るさに慣れ切った状態でマスクを装着しても、体と神経はまだ昼間だと感じているからである。日本にいる間、明るい日中に昼寝をすることはあるが、せいぜい数十分間のものであろう。日光を浴びながら長く深い眠りを得ることがこれほど難しいとは、白夜の下での実体験なくしては到底理解することができなかった。

こうして夜間に眠れないまま、朝方には疲れ切り、ようやくうとうとしはじめた絶妙のタイミングで、日差しがアイマスク越しに顔面を射ってくる。目覚まし時計に叩き起こされないだけまだましなのだと、朦朧とした頭で自分にいいきかせることになる。

眠たくてどうしようもない場合には、日中でもテントの中で寝転がることがある。四十度を超える室内で仮眠をとるには、あるコツが必要である。

夜間の睡眠時は、息を吹き込んで膨らませるタイプのマットを寝袋の下に敷いている。昼寝をする際には、寝袋はもちろん、このマットも使わない。つまり、紙ほどの薄さのテントのナイロン生地の上に直接横たわるのである。するとどうだろう。背中にひんやりとした涼気が伝わってくる。ナイロンの冷たさではない。ツンドラの地中に眠る永久凍土の冷気なのである。

おかげで幾分涼しくは感じられるものの、やはり熱気が充満したテント内は不快極まりなく、最終的には汗だくになってパンツ一枚で横になっていたりするのである。

では、睡眠不足で撮影中に疲れてしまったときはどう対処するのかというと、これはもう地べたにごろんと寝転がるのが最も手っ取り早い解決法である。誰もいない辺境のこと、白い目で見られる心配もない。コケや地衣類に覆われたツンドラの大地がやさしいカーペットとなり、疲れた体を受け止めてくれる。もっとも、目覚めたとたんにヒグマと鉢合わせしてはお互い驚いてしまうので、長時間の眠りは禁物である。

特異な環境で長期間をひとりで過ごしながら撮影をするため、「病気になったらどうするのか」という質問をよく受ける。「寒さで風邪をこじらせることはないのか」とも訊かれる。長々と説明するのもはばかられるため「何とか生きています」などと冗談めかしてこたえるのだが、実際のところはこうである。

抗生物質や鎮痛剤はキャンプへ持ち込んでいる。だが撮影キャンプ中はいたって健康である。なぜならば、よく食べ、よく動き、充分ではないにせよ、睡眠も昼寝で補えているからだと考えている。

無理をしないのも大きな要因であろう。前述したように、疲労を感じたら即座にその場で休息をとることが可能な境遇である。体が訴える不調のサインに耳を澄まし、こじれないうちに対処できるため、それ以上悪化することがないのである。

だが何より、ウィルスの不在が、健康でいられる一番の要因ではないだろうか。まわりに人がいない環境ゆえ、風邪などのウィルスをうつされることはない。自分の体内に潜伏しているかもしれないウィルスも、健康であるがゆえに免疫力で処理できているのであろう。

ところが、キャンプを終えて町中で暮らす間はそうはいかない。予定や約束で進行する日常生活では、疲れたからといって気軽に休むわけにはいかない。そうして無理を重ねるうちに寝込んでしまうことも少なくない。

つまり、自分にとっては、アラスカの過酷な自然環境が、健康を害する直接的な要因ではないのである。大切なのはどこで過ごすかよりも、どう過ごすかなのだと実感している。

などと知ったふうなことを書いたあとにキャンプ中の質素な食生活の話をするのにはためらいがあるが、続けてお読みいただきたい。

食料はすべて北極圏に入る際にセスナに積んで持っていく。あとからの補給はない。かさばる食材は選ばないため、一カ月を超えるキャンプ用の食料もセスナに充分積むことができる。

朝晩の食事はキャンプ用の小型コンロで調理する。

まずは朝食。川の水を沸騰させ、そこに「ミニッツライス」を投入。アラスカのスーパーでも売っている白米で、鍋に蓋をして五分で出来上がるという代物である。味は推して知るべし。さらに鍋の中に豆を加える。潰して炒めたものを乾燥させたフレーク状の商品で、主に健康食品を売る店で購入できる。これで豆雑炊の完成だ。味付けはふりかけ。「のりたま」や「かつお」「ごましお」などを日本からキロ単位で買ってくる。このふりかけをのせた豆雑炊が朝ごはんである。

次に夕食。川の水を沸騰させ、そこに「ミニッツライス」を投入。アラスカのスーパーでも売っている米で……と、あとのくだりは朝食と同じである。つまり、朝晩同じものを食べているというわけだ。異なるのはふりかけの種類だけ。同じメニューの食事は苦にならないが、ふりかけを選ぶことで、ささやかな味の変化を楽しんでいる。

この食事内容はキャンプの間ずっと変わらない。つまり朝と晩、毎日、豆雑炊ばかりを食べている。しかも春だけではない。夏と秋の撮影中も、朝晩の食事は毎回ふりかけ味の豆雑炊である。冬はわずかに豊かになり、ふりかけがカレーやハヤシライスのルーとなる。

さすがにこの食事内容では明らかに栄養不足である。よってビタミンの錠剤は欠かせない。ランチは調理の手間を省くためプロテインバーやナッツ類をつまんでいる。

豆雑炊がたまらなく好きだというわけではない。自分なりに考えてこのメニューにたどり着いたのだ。実は豆雑炊はいくつかの条件をクリアした優れものなのである。

栄養面でいうと、炭水化物とタンパク質が摂取できる。利便性を考慮すれば、これほど軽量で安価な食材もなかなか見当たらない。おまけに腐らないため、長期保存が可能ときている。しかもあっという間に調理できてしまう。そしてここが重要なのだが、匂いをほとんど発しない。そのため、クマを引き寄せてしまう心配が少ないのである。冬季の場合はクマが冬眠しているので、匂いの強いカレーも使えるというわけだ。以上の条件をすべて満たすメニューが豆雑炊とふりかけなのである。

普段から味に執着しないというわけではない。日本滞在中は妻とレストランをめぐるのささやかな楽しみであったりする。つまるところ、アラスカでのキャンプは食事を楽しむ場ではないのである。あくまで撮影が目的であるため、食事の美味い不味いは二の次なのである。

調理に使う水は川から汲む。セスナが着陸できる平地は川沿いであることがほとんどのため、結果的にキャンプ地も川沿い、つまり水場付近となる。

北極圏の水は誰が飲んでもおいしいと感じるに違いない。降雨後を除き、文字どおり透き通るような清流である。とはいえ、ごく微細な泥や木くずなどが含まれていないわけではない。激しい下痢や嘔吐の原因となる鞭毛虫《べんもうちゅう》に当たる可能性もないとはいえない。細心の注意を払うのであれば、飲む前にはフィルターを使ってろ過するか沸騰させることが望ましい。

では実際にはどうしているかというと、そのどちらもしていない。つまり、そのまま飲んでいる。無謀に思えるかもしれないが、大自然を貫く清澄《せいちょう》な大河を目の前にすると、体には害のない泥や、一生かかっても捕まえられないかもしれない寄生虫を心配するのが、馬鹿馬鹿しくなってくるのである。

肩に食い込んだバックパックを地面に下ろし、額の汗をぬぐいながらキリリと冷えた流水を喉に流し込む瞬間は、まさに至福のときである。どんなに冷えたビールをもってしても、これほどまでに全身が喜ぶことはないであろう。

川沿いでテント生活をしていると、時折思いだす出来事がある。大学生として京都で暮らしていたときのことだ。アラスカへの熱に火がついた頃のことである。

カヤックでアラスカの川を下ろうと、工事現場でアルバイトをして、新品の組み立て式カヤックとキャンプ道具一式を買い揃えた。住んでいたワンルームマンションの六畳間で、生まれて初めてテントを立て、カヤックを組み立てたのを憶えている。

より実践に近い練習をしようと、向かったのは京都府北部の山あいを流れる由良川だった。アラスカでも続ける単独行の記念すべき第一回目である。

河原に人影はない。まずは憶えたばかりの要領で、その黄緑色のテントを組み立てた。練習の甲斐もあり、設営はすんなりと完了した。

さあ次はカヤックの組み立てである。バックパックの上部を開いて、木製の部品を取り出そうとした、そのとき。コロコロと転がる黄緑の物体が目に入った。設営したばかりのテントだった。なんと風にあおられて勢いよく転がっていたのだ。あと十メートルほどで、そのテントは由良川に飲み込まれようとしていた。

清らかに澄み切った浅い河ではあるが、降雨の際にはとたんに水かさが増し、
その冷たく激しい流れに命を落とすバックパッカーもいる。

走っても追いつけないだろう。とっさの判断で下流方向へと駆けた。下流で待ち構えることで、上流から流れてくるであろうテントをキャッチできると考えたのである。

走り込んだ勢いのまま下流へザブンと飛び込んだ。冷たい！　溺れる！　服と靴に水が染み込んで、まるで全身に重りをまとっているかのようだ。話が違う。テントを救うはずの自分が沈もうとしている……。

溺死の恐怖と戦いながら哀れにもがくこと数分間。濡れ鼠が這々《ほうほう》の体でたどり着いたのは対岸であった。上流に目をやると、テントは岩に引っかかってヒクヒクと揺れ動いていた。

密集する木々に覆われた対岸からは、元いた岸に戻るための橋がどこにも見当たらない。戻るには泳ぐほかなさそうだ。だがそれだけは避けたかった。溺死は御免だ。

途方にくれていると、対岸のはるか遠くに人らしき影が見えた。

「お〜〜い……た・す・け・て・く・だ・さ〜〜〜い」

声を限りに叫んだ。このチャンスを逃せば溺死が待っている。そう思って必死に声を張り上げ、両手を頭上で振り続けた。

それに気がついたその人が、助けを呼びにいってくれた。しばらくすると、カヤックに乗った中年の男性が岸まで颯爽とやってきた。彼のカヤックの後ろにはもう一艘のカヤックが紐で結ばれており、それに乗って向こう岸へと無事戻ることができた。

皮肉にも、これがカヤック初体験となった。

テントを立てる練習を室内で行ったゆえに起こった情けない失敗だった。ペグを地面に打ちつけてテントを固定する練習ができなかったため、肝心の本番でその工程を忘れてしまったのである。

そのおかげか、アラスカでは同様の失態は一度もない。あまりの強風にテントが風で押しつぶされ、ポールが折れてしまったことはあるが、それでもペグはしっかりと地面に刺さったままだった。

北極圏でのキャンプ中、そのような悪天候にはこれまで幾度となく見舞われてきた。だがどんなに巨大なハリケーンに直撃されようとも、ニュースには取り上げられない。それは単に人が住んでいないからなのだが、そんなことからも、自分は社会から遠く離れたところにひとりでいるのだという事実を、しみじみと感じるのである。

そんな荒天時の友として欠かせないものがいくつかある。

決して読書家ではないものの、キャンプ中は実によく本を読む。ノンフィクションに偏っており、小説は選ばない。中でも人物を掘り下げたノンフィクションが多い。有名でも偉人でもある必要はなく、愚直に生きる市井の人々を描いたものが好みである。

アラスカでの単独行は自分と向き合う機会でもある。書中の人間の生きる姿勢を通して、自分を見つめ直し、また、内面を鼓舞してくれる何かを探しているのかもしれない。

リラックスするために活用しているのがラジオ番組、音楽、そして落語である。

ラジオの電波はもちろん届かない。そこで、日本にいる間にお気に入りの番組を録音しておく。それらをＩＣレコーダーに入れ、携帯用の小型スピーカーと接続し、テントの中で再生している。音楽と落語も同様の方法で聴いている。

好みが少しずつ変わっていくのがわかって、自分でも面白い。前年のキャンプでは何度も聴いていたラジオ番組を、次の年には受けつけなかったりするのである。はてどうしたものか、と首をひねるのだが、きっと自分では気づかない内面の変化があってのことなのだろう。こんな些細なことからも時の流れを実感したりする。

音楽はさだまさしさん一辺倒である。傾倒するきっかけは、中学生の頃にたまたま見たテレビ番組『花王名人劇場』である。

その日の番組は、終始、漫談やコントを芸人のようにこなす氏の姿を映しだしていた。

腹を抱えて笑ったものの、面白いおじさん、という以外の印象は残らなかった。

それが、番組最後の歌唱シーンで一変する。『道化師のソネット』を唄う氏の姿に衝撃を受けたのである。伸びのある透き通った唄声と胸に迫る繊細で力強いメロディ。人を笑わせるだけでなく感動させることもできる、そんな氏の人物としての幅に魅了され、瞬間的に虜となった。

長いキャンプ生活では、娯楽を堪能するどころではない状況に陥る可能性はいくらでもある。例えば怪我。細心の注意で歩いていても、足をくじいたり、不意の落石に打たれる可能性は常にある。単独行での大怪我は、撤退どころか、命にまで関わってくる。

これまでキャンプ中に大怪我を負ったことはないが、緊急事態の備えとして衛星電話を携帯している。大きさは家庭用固定電話の子機ほどである。所有するソーラーパネルでは、コンセントに挿入しての充電ができないため、予備のバッテリーを複数個持参している。

幸いにして、緊急で電話を使用する事態はこれまで免れてきた。実際の用途は主に二つに分けられる。

ひとつはパイロットとの交信である。衛星電話を持つ以前は、着陸後にパイロットと別れる際には、迎えの日時を念入りに確認するのが常であった。〈忘れずに迎えにきてくれよ〉と祈るようにセスナの後ろ姿を見送ったものである。

それが今では、パイロットとは迎えの日程の話題に触れないまま別れることすらある。もともと、予定の日時も、天候次第で前後していたという事情もあり、あらかじめ日程を確定するよりは、臨機応変にスケジュールの調整ができる電話連絡の方が、お互いにとっても便利なのである。

パイロットからはカリブーの位置情報も送られてくる。上空からの目撃情報や今後の進路予想などを、衛星電話のメール機能で伝えてくれるのである。

もうひとつの用途は家族との会話だ。日本で待ってくれている妻と毎日約三十分間、話をする。

とりとめのない会話である。とりたてて書くような内容は何もなく、要約すると「元気でいるか」と確認し合っているだけのようなものである。しかし、実はそれこそが、何よりもお互いが望み合っていることなのかもしれない。距離は離れていようとも、言葉を交わすことで相手とのつながりを実感することができる。そのひとときが、心の距離を近づけてくれる、そんな気がしている。どれほど長期間のキャンプをしようとも孤独を感じずにいられるのは、そんな妻の存在のおかげであろう。

そんな妻といえども、キャンプ中に染みついた体臭を落とさず近づこうものなら、逃げだしてしまうに違いない。それこそ「電話で充分」と言われてしまいそうである。

シャワーも風呂もないキャンプ生活。快晴無風の午後、カメラやレンズなどを入れた二十キログラムほどのバックパックを背負って凸凹のツンドラを歩くと、見事に全身が汗まみれになる。灼熱の太陽で真っ黒に焼けた肌は、それが日焼けなのか汚れなのか、見分けがつかなくなるほどである。

アラスカを撮りはじめた当初は、たとえ二カ月間におよぶキャンプであろうと、自身の身なりや匂いには完全に無頓着であった。つまり、上着やシャツはおろか、靴下や下着にいたるまで、着替えも洗濯もすることなく、同じものを身につけていたのである。髪の毛も洗わない。水浴びもしない。我ながらぞっとする不潔さである。

そんな状態であっても、自分の臭気にはまったく気づかないのだから不思議なものである。悪臭を放っていないわけはないのだ。いわゆる〝鼻がバカになる〟という現象なのであろう。思えばなんともありがたい人体の機能である。

それでも、自分がどれほどの異臭を放っていたのか気づかされる瞬間がある。キャンプを終え、文明生活に戻ってからのことである。

町に帰ると、友人宅へ直行し真っ先にシャワーを浴びる。汚れを落としたいというよりも、まわりの人を不快にさせてはいけないという思いの方が強い。一度、友人宅へ行く前に雑貨店に寄ってしまい、すれ違いざま客の男性に「イ～ウ！」と大声で奇声をあげられたことがある。強烈に臭いものを嗅いだ際にアメリカ人が発する言葉である。何事かと思わず振り返ったが、それは相手とて同じであったろう。よほどの匂いだったに違いない。

バスルームに入り、着ている服をすべて脱ぐ。袖を通したときにはシルクのような肌触りで皮膚をやさしく包んでくれた高機能素材のアンダーウェア。それが、汗を吸い続けたキャンプ後は、紙やすりを連想させる手触りとなっている。

蛇口をひねりシャワーを浴びると、体がとろけそうな恍惚感が押し寄せてくる。干からびた肌細胞のひとつひとつに熱湯が染み込んでいくようだ。永遠に湯に打たれたい――。毎日浴びていた頃には決して気づかなかった熱湯のありがたみを、心底感じるひとときである。

洗髪には思いのほか手間取る。シャンプーがまったく泡立たないのだ。石鹸も同様。肌をこすっても泡が吸収されてしまう感覚だ。毛穴という毛穴に溜まった油脂が泡立ちを妨げるのだろう。洗っては流すという作業を三回ほど繰り返すうち、ようやく本来の泡で洗えるようになる。

シャワーを終えてきれいさっぱり。新しい服に着替える頃には、気のせいかわずかに生まれ変わったような心境である。少しテンションが上がるのは、シャワー後にはしゃぎまわる犬と似ているのかもしれない。もっとも、あちらはストレスから解放された反動であろうが。

キャンプ中に身につけていた服を床からおもむろに拾い上げる。「うっ」と思わず声が漏れる。なんだこの匂いは……まるで獣ではないか……それこそ何ヵ月も洗っていない犬の匂いだ……自分はこんな服を着続けていたのか……いや、服だけではなく、自分そのものが悪臭の塊だったに違いない……。

補足しておくと、年々この状況は改善されている。今では川で濡らしたタオルで毎日体を拭き、髪も三日に一度は川で洗っている。十日間ごとには川で洗濯もする。変化の理由として特に思い当たるものはない。以前が異常だっただけのことである。

汗は気づかないうちに思わぬ生き物をおびき寄せている。蚊である。たかが昆虫とあなどってはいけない。北極圏に巣くう蚊は、単なる不快を通り越して、ときに脅威ともなりうるのである。

六月末になると、判で押したように蚊が発生する。アラスカ全域での生息数はなんと十七兆匹。アラスカの総人口の二千四百万倍にあたる圧倒的な数である。

その大半をこの北極圏が占めている。「アラスカの州鳥は蚊である」というジョークが笑いを誘うのもうなずけよう。正確な数を把握することなど不可能ではあるものの、アラスカ大学の学者によるこの見立てが大げさではないことを、この地を訪れたことのある者ならば理解できるであろう。

テント生地の外側には数十個の黒点が付着しているのが見える。血を吸おうと待ち構えるハイエナのような蚊たちである。日本の夏。まどろむ耳元をあざ笑うあの「ブーン」という忌まわしい羽音。テントを包むのはその大合唱である。

テントから出入りするたびにジッパーの隙間から何十匹もの蚊がテント内に入ってくる。その後の数分間は侵入者との戦いである。狭いテント内のこと、座ったままの状態で上半身を右往左往させながら、ふらふらと舞うヤツらを両手のひらで叩き潰すこととなる。

外の様子にはさらにぞっとさせられる。テントの真上五メートル付近の空間が黒く染まり、揺れ動くのだ。風に乗って宙を舞う蚊の大群である。ヒッチコックの『鳥』を彷彿とさせる、身震いするほどのおぞましい光景である。

彼らをおびき寄せていたのは自分の汗、体温、そして呼吸である。吐く息に含まれる二酸化炭素や、汗の成分である乳酸を敏感に察知し、テントのまわりに集まってきたというわけである。

なぜこれほど大量の蚊が発生するのか。その原因は水である。

北極圏はとにかく水が豊富である。大小無数の沼や湖が、それこそいたるところに点在している。それだけではない。冬の間、大地を覆い尽くしていた分厚い氷や雪が春に解けだすことで、ツンドラを一面の湿地にしてしまう。これらすべての水分が蚊を生む泉となるのである。一匹の蚊が水辺に産み落とす卵の数は三千個にのぼる。孵化して生き残るのはそのうち約六百匹ではあるが、膨大な数であることに変わりない。

蚊の巣窟と化した北極圏で正気を保ちながら過ごすには、いくつかの工夫が必要である。最も効果的なのは薬品であろう。「DEET（ディート）」と呼ばれる虫除け剤があり、同名で市販もされている。アメリカ陸軍のために開発された液体の薬で、アラスカでこの名を知らない者はいないほど広く普及している。ドラッグストアに並ぶ蚊除けは数あれども、ディートほどの効用が立証された商品はないといっても過言ではあるまい。

このディートは、服で覆い隠せない顔や手に塗り、薄くのばして使う。刺激が強い成分であるため、使用そのものを控える人も多いが、自分がキャンプをする場所はそんな選り好みができる環境ではない。キャンプ生活の必需品である。

効果は折り紙つきだが、どう猛な蚊たちはズボンやシャツの上からでも容赦なく針を突き立ててくる。黒っぽい色におびき寄せられるということを耳にして以来、明るい色の服を選ぶようにはなったが、変化はあまり実感できないでいる。

ディートを塗った箇所は刺されないとはいえ、全身を無数の蚊に包囲されることには変わりなく、それだけで気が狂いそうになる。その姿はさながら、人間の形をした揺れ動く黒い影であろう。

特に頭部が問題である。百匹あまりの蚊が顔や頭を取り囲み、時折体当たりまでしてくる。呼吸をすると鼻から蚊を吸い込んでしまう有様だ。エンドレスな羽音と相まって、拷問を受ける心持ちである。

対策としてネットを使っている。テントの外へ出る際には、ハットとネットとが一体になった製品をかぶり、額から首元までをネットで覆っている。まるで養蜂業者である。

ここまで対策を講じれば蚊の被害はかなり軽減することができるものの、テント内に隠れ潜む猛者や背中を不意打ちする曲者には時折チクリとやられてしまう。刺された跡はぷっくりと膨れ上がり、猛烈なかゆみにしばらく悩まされる。

しかしながら、どんな対策も講じられないシーンがある。用を足すときである。〝トイレ〟という囲われたスペースがあるわけではない。広大なツンドラがそのままトイレとなる。大はスコップで穴を掘って埋め、分解されないトイレットペーパーは持ち帰る。

ズボンとパンツを下ろしたむき出しの下半身は蚊の格好の餌食となる。「刺してくれ」と言わんばかりである。ディートやネットのせいでお預けをくっていた飢えた連中が、ここぞとばかりに尻をめがけて突進してくる。もちろん劇薬であるディートは下半身には塗っていない。見える敵は手のひらで迎え撃つが、いかんせんこちらには別の大事がある。応戦にまでは力が入らない。しかも主戦場である臀部には視線が充分に届かないときている。チクリとやられてパチンと尻を叩く。チクリ、パチン、チクリ、パチンの繰り返しで、何をしているのやら、情けなくなってくる。

数年前に地元・愛媛のテレビ局による同行取材を受けたときのこと。ある男性ディレクターはわざわざ夜中に起きだして用を足していた。よほど蚊に悩まされていたのだろう、気温の低下とともに蚊が減少する深夜の時間帯を狙っての行動だったと、のちに告げられた。

　血を吸うのはメスの蚊だけである。オスが求めるのは植物の蜜だ。メスは血液から得る養分を糧に卵を生むという。

　無数に群がってくるあの生命体がすべてメスだという事実をどう捉えたらよいものか。異性に必要とされるのは男としては嬉しいものだが、このムシの場合には遠慮したいものである……などと軽口をたたけるのも、あの蚊たちのいない室内でこれを書いているからなのである。

　北極圏では、血を必要とする蚊の数に対して、供給源となる人間の存在は極端に少ない。彼らのメインターゲットは哺乳類や鳥類である。とりわけ餌食となるのがカリブーだ。一日に三百ミリリットルもの血液を吸われることもあるという。

　ジェイゴ川沿いでキャンプをしていた数年前のこと、顔に奇妙な斑点が散りばめられたカリブーに出会った。よく見るとそのカリブーは、顔中が隙間なく無数の蚊で覆われていた。こちらに気づいてよろよろと立ち上がったものの、本来の弾けるような足取りは見る影もない。倒れないように立ち去るのが精一杯である。蚊を振り払う気力もないと見え、顔のみならず、全身が蚊の猛攻を浴びていた。怪我をしているのか、後ろ足を引きずっている。衰弱の理由が、その怪我なのか蚊による失血なのかは不明だったが、もう先が長くないことは明白だった。天敵であるヒグマやオオカミ、イヌワシに発見されれば、逃れることは不可能であろう。行く手を阻むジェイゴ川は雪解けで激流と化している。渡ろうにも、渦流にあらがう体力はもう残されていないことは明らかであった。

体力や疾患の有無に関わらず、北極圏を移動するカリブーは、一頭の例外もなく、蚊の被害に遭うと断言してもよいであろう。それほどに蚊の生息数は圧倒的であり、またその生息域も広範囲にわたっている。

蚊に襲われたカリブーたちは、エサであるスゲやホッキョクヤナギの葉を落ち着いて食むこともできなくなる。栄養の低下は生命力の減少をもたらし、生存率低下の遠因ともなっている。蚊はカリブーにとってまさに命を脅かす存在なのである。

そんなカリブーたちが実践する対策がいくつかある。

そのひとつが雪を利用することである。太陽が二十四時間沈まないとはいえ、冬季に数メートルの雪が分厚く覆いかぶさっていた川や、日当たりの比較的少ない北の斜面には雪が解けずに残っている。その残雪上にとどまることで、カリブーたちは蚊から一時的に逃れることができるのである。というのも、蚊は十度以下の気温では活発に動くことができない。その性質を利用しての対抗策である。セスナから見下ろす真っ白な雪のキャンバスに、黒点となったカリブーたちがうごめく様をしばしば目にするのは、このためである。風もカリブーの大きな味方となる。風が吹くと、蚊は、目指す方向に飛べないだけでなく、強風の場合には草陰で身を潜めざるを得なくなる。そのため、蚊から逃れたいカリブーが、風に向かって進路を変更することもある。

六月末に発生しはじめた蚊は、月が変わる頃には大発生の状態となる。これを機に、それまで北極圏内に散り散りだったカリブーたちが、数万頭の大群を形成することがある。蚊の被害を軽減するため、塊となり、風を求めて行進するのである。

その大群との遭遇を待ち焦がれて旅を重ねてきた。成果という点でいうならば、すべての撮影行は空振りであり続けた。

巨大な群れは毎年形成されるわけではなく、発生したとしても、彼らがどこにいるのかを把握するのは困難である。北極圏内におけるカリブーの移動範囲は四国のおよそ四倍。その中の一点にぽつんと張ったテントの横を、その存在自体が不確かなカリブーの大群が運よく通り過ぎる確率となると、これはもう天文学的な数字となる。毎年の撮影行で蓄積した情報や、パイロットによる上空からの報告のおかげで、数千頭規模の群れには出会え

蚊の恐ろしさを目の当たりにした瞬間だった。力なく座ったままのカリブーには、
もう蚊を振り払う気力すら残されていなかった。

るようになっていたが、万を超える大群となると、それはもう写真や昔話の中の出来事でしかなかった。

それがついに現実となる日がやってきた。

数万頭のカリブーがひとかたまりとなっての大行進――。見渡す限りのツンドラの大地がカリブーで埋め尽くされるその光景を、どう表現すればよいだろうか。大河と化したカリブーが怒濤のごとく押し寄せてくる……すべての風景がカリブーで支配され、大地がうごめく……。正直なところ、自身の未熟な文筆力ではもちろんのこと、写真や映像ですら、本当のところは伝えることができないのではないだろうか。それほどまでに、あの日の光景は圧巻であった。

キャンプを開始して十日間ほどが過ぎようとしていた。毎日のようにカリブーが北から南へと通り過ぎてはいたが、三十頭ほどの群れがせいぜいで、いずれも、思い描く巨大な群れからはほど遠いものであった。そんな折、パイロットから衛星電話にメールが届いた。

「大群がそっちへ向かっている。二、三日後か、もしかしたら明日かもしれない。準備をしておけよ！」

読みながら、気持ちの高ぶりが全身へと伝播するのを感じた。とうとうきた――。〈今度こそ〉と気持ちを引き締めた。

　実は、前年にも同じ河岸で同じ状況に遭遇していたのである。上空から観察していたパイロットからの知らせでは、数日以内にカリブーの大群に「キャンプが飲み込まれる」とあった。群れの進む先には、比較的平らな土地が河に沿って伸びており、その両側には、平地を挟むようにして山々が連なっていた。つまり、どう考えても、カリブーたちは、険しい山側ではなく、河沿いの平地を進むに違いないと思われた。その状況にいる誰もがそう予想したであろう。その先にある自分のキャンプへと大群がやってくるのは、もはや時間の問題であった。

　眠っている間にカリブーたちがキャンプを通り過ぎてしまうことだけが気がかりだった。そのため、睡眠時間を削り、早朝から深夜近くまで、山の中腹に登って単眼鏡を握り続けた。

　ところが三日経っても一頭のカリブーも現れない。夜中に通り過ぎたのであろうか。いや、そんなはずはない。通過していれば辺り一面がカリブーの足跡だらけになっているはずである。だが地表にその痕跡は見当たらない。

　狐につままれたようであった。気が気ではなくなり、パイロットに状況を説明するメールを送った。

翌日。彼からの返信に目を疑った。

「大群はノリオのキャンプを迂回して、すでに南に移動したようだ」

そんなことがありうるのか。群れは、キャンプに到達する前のどこかの地点で、河沿いの平地をほぼ直角に曲がり、わざわざ歩きにくい山と山との間の谷を通って、キャンプよりも遥か南へと進んでいたのである。その行動はあたかも、人間の気配を察知してそれを避けたかのような周到さであった。

何が群れの進路を変えたのかは、もはや想像の域を出ることはない。突如現れたオオカミから逃れようとしたのかもしれないし、谷間から吹いていた心地のよい風に引き寄せられたのかもしれない。いずれにせよ、ほぼ手中にしていた千載一遇のチャンスが谷底にこぼれ落ちてしまったことだけは確かであった。

——そんな経験を経ての再びのチャンス到来であった。前年の失敗を踏まえ、キャンプの位置をあらかじめ数キロメートル北へと変更していた。わずかの違いではあるが、できる限りミスの可能性を減らしたかったのである。

パイロットからの一報を受け、カリブーが進路を変えてしまう前に群れを発見したいと、今度は彼らを待ち構えるのではなく、日中に群れのいる北側へと河沿いを偵察する作戦を選んだ。バックパックに、撮影機材、プロテインバー、予備の上着や雨具を詰め込んだ。靴紐を固く締め直し、キャンプを出発した。

河岸のツンドラには、幅にして約二十センチメートルのけもの道が幾本も刻まれている。中には十五センチメートルも窪んだ道もあり、そこが長年にわたりカリブーたちの旅路であり続けていることを物語っていた。

二時間ほど歩き、落石が重なり合った高台で休息をとった。その先の河沿いを数キロメートルにわたって見渡せるその場所は、絶好の観察地点であった。深夜まで目を凝らし続けたが、その日は一頭のカリブーも現れなかった。

好天に恵まれたあくる日。キャンプを発ったのは正午をまわってからだった。

昨日と同じ高台に到着し、地面に下ろしたバックパックから単眼鏡を取り出した。それを北に向け、右目で覗き込みながら筒の先端を小刻みにまわした。

ピントが合った途端、思わず「あっ！」と声が漏れた。はるか遠くの河原が黒っぽく覆われている。それが何であるかを正確に判別するには距離が離れすぎてはいたものの、そこは本来、石の白色系が占めるエリアである。明らかに何かがいると思われた。

願望が心の中で叫んだ。〈カリブーに違いない――〉。

逆光に浮かぶその黒色の連なりをなぞるように、単眼鏡をゆっくりと左から右へと動かした。すると、河原からなだらかな山の裾野にいたるまでの広い範囲が、同様に黒く染まっている様子が見てとれた。今度は単眼鏡がぶれないよう、体育座りの両膝に両肘を固定し、両手でしっかりと握った。そして全神経を集中し、ファインダー越しの生き物たちを凝視した。ミリ単位で動くそれらは、間違いなくカリブーだった。

叫びだしたいような歓喜がこみ上げてきた。待ち焦がれた巨大な群れが目の届くところまで来ている。だが喜ぶのはまだ早い。大一番はこれからだ。湧き上がる興奮をぐっと抑え、作戦を考えた。

群れはこちらに向かっている。距離があるとはいえ、走ってこられるとあっという間に遭遇してしまう。その前に、隠れる場所を見つけなくてはいけない。警戒心の強いカリブーのことだ、先頭の数頭が人間を発見した途端に、群れ全体がまわれ右をしてしまう可能性もある。

辺りを見まわす。森林限界を越えたこの地域では、身を隠せるものは岩ぐらいしか見当たらない。風呂桶ほどもある大きな岩をみつけ、陰に身を潜めた。

カリブーたちと自分との間には、アップダウンの激しい丘がいくつか連なっていた。岩は、その起伏が沈み込んだ場所にあり、したがって、群れがどこまで接近しているのかは、彼らが丘を登ってくるまで把握できない状態であった。

山の端に太陽を見送る。岩陰に座りはじめてから三時間が経過しようとしていた。影が辺りを覆い、ひんやりとした空気が漂いはじめていた。腕時計を見ると午後九時三十分だった。

最初の一頭が丘の向こうから顔を出した。続いて一頭、また一頭。

初めの数頭が小走りで丘を駆け下りはじめる。すると、後続のカリブーたちが、湧くように丘を登ってきた。十頭、二十頭、三十頭……。倍々で膨れ上がる群れが、押し出されるように丘を転がり下りてくる。百頭、二百頭、三百頭……。無数の個体が大河となって押し寄せてきた。例えるならば、東京マラソンのスタート地点でランナーたちと正対し、向かってくるすべての走者をひとりで受け止める感覚だろうか。目の前のカリブーたちは、視界の範囲だけでも数千頭にのぼっていた。

はぐれないよう寄り添う母子はブーブーと鳴きながらの行進である。脚の腱が鳴るカチカチという音が、無数の脚という脚から響いてくる。対岸に目をやると、河原から山裾までが、さらに多くの個体で埋め尽くされていた。数え切れない数のカリブーが、あっという間に大地を飲み込んでいた。夢にまで見た光景の中に、自分がいた。

流れ動く群れに、文字どおり飲み込まれていた。気がつけば、自分の半径二メートルをのぞく周囲がすべて大群に取り囲まれていたのだ。

カリブーたちが自分の存在に気づいていないはずはない。岩陰にいるとはいえ、まわりをぐるりと囲まれていては隠れようがないからである。通常であれば、カリブーはこれほど人間に接近する前に逃げだすものだ。だが目の前の彼らは、チラチラとこちらを見るものの、構わず草を食みながら前進を続けていた。集団でいることからくる安心感なのであろうか、いつもよりも警戒心を緩めているのだと推測した。

とはいえ、驚かせてしまってはすべてが水の泡となる。パニックを起こして逃げだす最初の何頭かがが引き金となり、群れ全体が、波紋が広がるように逃げ去ってしまう可能性もある。

したがって、撮影には慎重を要した。超がつくほどのスローモーションでカメラを構え、シャッター音でカリブーを驚かさないことを祈りながら、人差し指をやさしく押し込んだ。アングルを変える際にも気は抜けない。カメラを構えたままの上半身を、これ以上ないほどゆっくりとカリブーへと向けシャッターを切った。そのさまは、電池が切れる寸前のロボットのようであったろう。

　カリブーたちはひっきりなしに小走りでツンドラを駆け抜けていく。後続が次から次へと押し寄せてくるため、群れの前方に位置するカリブーたちは歩を休めることもできない。したがって、風景は、行進するカリブーたちで埋め尽くされたままの状態である。

　大河のごとく流れる無数のカリブーたち。その光景は、実に一時間にわたり途切れることなく続いた。最後の一頭を見送る胸中は、放心と恍惚とが入り混じった、えも言われぬ幸福感に満たされていた。

　数万頭の大群であったと推測して誤りではないであろう。正確な数字を把握することは不可能である。確かにいえるのは、これまでに遭遇したどんな群れよりも桁外れに巨大だったということだ。群れに囲まれながら感じた、受け止めきれないほどの胸の高鳴りが、何よりの証である。

　キャンプへ戻り、すぐさまパイロットへメールを送った。大群と出会えたことに加え、できるだけ早く迎えにきてほしいと伝えたかったのである。

　あの群れを、今度は上空から見てみたいと思った。俯瞰《ふかん》する数万頭の群れは、いったいどんなふうに目に映るのであろうか。キャンプを通り越して間もないうちであれば、上空から群れの居場所をつきとめることは、さほど困難ではないと思われた。

パイロットが多忙をおしてやってきてくれたのは、メールを送信してから二日後のことだった。時間が経ってしまったため、大群はより遠くへと移動していることが予想されたが、追跡を断念する気はもちろんなかった。

テントをたたみ、キャンプ道具をすべてセスナに積み込んで、快晴の空へと飛び立った。彼らがどこにいるのか、おおよその方角は予想ができたが、いかんせん北極圏は広すぎる。おおまかな方向へ飛ぶだけでは徒労に終わってしまう。

唯一の確かな鍵は、足跡である。カリブーが通過したあとの地表には足跡がつき、それが大群であれば、何本もの深いトレイルとなる。セスナから見下ろす北極圏の大地には、束となった幾本もの轍《わだち》が刻まれるというわけだ。それはあたかも、恐竜が鉤爪《かぎづめ》で地面を引っ掻いたようにも見えるのである。

しかしながら、数千年にわたり季節移動を繰り返してきたカリブーたちにとっては、この北極圏内に未踏の地などほぼ存在しない。それが証拠に、空から見下ろす大地には、いたるところにトレイルの筋が伸びている。したがって、大群の跡を追うためには、そのトレイルの濃淡を見極める必要があった。新しいものほど濃く見えるというわけだ。

高速かつ高度で飛行するセスナから、果たして自分にそんな見極めが可能なのか。突きつけられたハードルの高さに不安がよぎりはしたものの、泣き言を言っている場合ではない。

かたわらにはパイロットという頼りになる味方がいた。極北での飛行を生業とする彼がこれまでカリブーを目撃してきた頻度は、どんな研究者をも凌ぐであろう。上空からトレイルを見分けることに関しても、誰よりも長けているに違いない。

セスナの右窓を開け放ち、身を乗り出して眼下を見つめる。自分は高所恐怖症だが、そんなことはお構いなしである。左窓からの捜索はパイロットに頼った。

二人してツンドラに刻まれたカリブーのトレイルに目を凝らしながら、マイクのついたヘッドホン越しに会話を重ねた。

「こっち側にトレイルが続いているけど、新しいのか古いのか、見分けがつかないなあ」

「左側の川沿いに新しいトレイルが見えるぞ。きっとあの群れが通った跡だ」

「そうだね、川を渡って右側の山裾を進んだみたいだ。そのあとは……トレイルが薄くて、どっちに向かったかわからないなあ……」

そんなやりとりを続けながら、なかなか群れを発見できないことに焦りを感じはじめていた。飛行時間が伸びるほどに、当然のこととして、支払額も加算される。その料金も、僻地特有の〝超〟割増料金であるから、気が気ではなかったのである。〈こんなチャンスは滅多にないんだ〉と心の中で歯を食いしばった。

ときにトレイルを見失い、ぐるぐる飛びまわってはまた発見するという飛行を繰り返しながら、一時間ほど飛び続けた。

そうするうちに、セスナはシーンジェック川の上空にさしかかった。ダブルマウンテンと呼ばれる標高二千メートル弱の山を左に見ながら、その南に広がる平地へと進路を定めた。

その前方の窓越しに、あの群れが現れた。

発見できた喜びに、胸がどきんと鳴った。そしてほどなく、もう探さなくてもよいという安堵がこみ上げてきた。

その安堵感が、気持ちをうまく鎮めてくれたように思う。おかげで、地上で大群に遭遇した際のような興奮は和らぎ、穏やかな心境で、カリブーを取り巻く全体の情景を見渡すことができた。

無数のカリブーが緑の地平に集結していた。あの大群であることは間違いなさそうである。だが実のところ、その集合体の意外な小ささに、驚きを隠せなかった。数万頭のカリブーが集まっているにもかかわらず、風景全体で見ると、そのごく小さな一角が、群れで占められているにすぎなかったのである。

カリブーの数が減ったわけではない。まわりの風景があまりにも広大だったのである。それゆえ、取り囲まれたときには大海のように感じられた大群が、遠景の中では小指の先ほどにしか見えなかったのだ。

無限の生命を育む母なる自然――。それはまさに、心のどこかで自分が見たいと願っていた、大自然アラスカの姿そのものであった。

いつの日か昔を振り返るとき、心により深く刻まれている光景は、自分を飲み込んだカリブーの群れではなく、その大群をも内包するこの広漠たる手つかずの大地なのではないか――この地球上にかろうじて残された、一片の汚れもない原生の大地の存在なのではないだろうか――そんな思いが胸をよぎった。

開け放ったセスナの窓からは、凛と冷えた風が機内に吹き込んでいた。カメラを握り、思い切りその空気を吸い込んだ。

花畑と化したツンドラの大地。互いに寄り添って咲く花の背丈はわずか数cm。
冷たい強風が吹き荒れる環境を生き抜くすべである。

第二章　クジラの季節

キャンプ初日の天候は曇り。雨降りでない日にテントを設営できただけでも幸運であった。今夏も南東アラスカの無人島を拠点にしての撮影が始まった。

南東アラスカは温帯雨林の地である。黒潮が運ぶ暖かく湿った空気が沿岸の山脈にぶつかり上昇することで、この地域に大量の雨をもたらす。最も降雨量の多い町・ケチカンでは年間四千ミリメートルもの雨量があり、これは「ひと月に三十五日間雨が降る」といわれる屋久島の年間降雨量とほぼ同じである。

学生時代を過ごした州都・ジュノーの人々の間では、曇天は〝いい天気〟とされていた。大半の住民が、アラスカ人御用達とされる「XTRATUF（エクストラタフ）」というブランドの長靴を愛用しており、女子学生すらも、このファッション性に乏しい焦げ茶色のブーツを大学に履いてきている姿をよく見かけたものである。

上空から見渡す南東アラスカは、森の緑と海の青とに象徴される、穏やかな雰囲気をたたえた〈もうひとつのアラスカ〉といってもよいだろう。いわゆる過酷な北の大自然といった典型的なイメージのアラスカとは一線を画す地域である。

トウヒやツガなどの常緑樹が島々を波打ち際まで埋め尽くし、その合間を、プランクトンが充満したフィヨルドの海が取り囲む。点在する大小の島の数は千を超えるという。小さな島のほとんどは無人島である。

　この地でザトウクジラの撮影を開始したのは一九九六年のこと。以来、途中二回のシーズンを除き、毎夏、約一カ月の間キャンプをしながらクジラを撮影している。エンジンを取り付けた全長三メートルのゴムボートを操縦しながらの撮影である。

　今回はキャンプに初めてノート型パソコンを持ち込んだ。雨に見舞われることの多い撮影行ゆえ、悪天候で撮影ができない日にはテント内で執筆ができる。現地にいながらその土地を描くことで、よりリアルに現実を伝えられるのではないかと考えたのである。

　キャンプ二日目の今日は朝から雨。テントの上に張った五・五メートル×三・三メートルの青いタープをばらばらと大粒の雫が叩き続けている。時折、クロミヤコドリやハクトウワシの、笛を小刻みに吹いたような甲高い鳴き声が海側から聞こえてくる。

　湿度はかなりのものであろう。テントの内生地はしっとりと濡れ、日記帳として持ってきたノートはすっかり波うってしまっている。ただでさえ天然パーマの髪の毛にいたっては、即席麺をかき混ぜたようにぐしゃぐしゃの状態である。以前、森の中で二カ月間のキャンプを行った際には、テントの隅にカビが生えてしまった。キャンプ終了後にテントを撤収すると、全長が手のひらほどもあるなめくじがテント下の地面のくぼみを寝床に丸まっており、あまりの気味悪さから叫びそうになったこともある。

とはいうものの、森林内にはほかに不快な生き物は見当たらない。ヘビもいなければ、北極圏であれほど悩まされた蚊も嘘のように見かけない。

雨天時の気温は総じて低い。温度計は持ち合わせていないが、おそらく十度前後ではないだろうか。多湿のうえ高温であればかなり不快であろうが、低温のせいか、体感においては不思議なほどじめじめした感じはしない。

電気などない無人島のこと、パソコンの電源としてポータブルの蓄電池を何個か持参した。何より怖いのは、この湿気によるパソコンの故障、そしてそれにともなう原稿の消失である。防水加工された袋と湿気の吸収剤を用意してはきたが、さてどうなることやら。


いつものように春の北極圏でカリブーの撮影を終え、ここへたどり着くまでには約一週間を要した。北極圏のキャンプ地から飛行機を乗り継ぎ、向かったのはアラスカ最大の都市・アンカレッジ。南東アラスカでの撮影に向け、荷造りをする必要があった。

この町でお世話になっているのはマットとパティというご夫婦である。南東アラスカにあるアラスカ大学サウスイースト校に通っていた頃からの友人であるから、もう二十年以上の付き合いである。二人ともまだ六十歳代だが、その親密さにおいていうならば、自分にとってアラスカにおける両親のような存在である。

知り合ったきっかけは、生物学者であるマットに手紙を送ったことだった。フェアバンクスにあるアラスカ大学から同大サウスイースト校へ編入するにあたり、南東アラスカのことを知りたいと、ボランティアでのフィールド調査への参加を志願したのだった。つたない英文での唐突な申し出に快く応じてくれた彼の計らいにより、その次の夏休み中に、南東アラスカの島々を帆船でめぐりながらオグロジカの生息地を調査するという旅に参加させてもらった。ザトウクジラの撮影にエンジン付きのゴムボートを使うというヒントを得たのは、この調査中に帆船から各島への移動手段としてゴムボートを使用するのを見たことがきっかけである。

アラスカでの活動拠点はアンカレッジ、つまりマットとパティの家である。自宅のガレージにキャンプ道具や撮影機材を保管してもらっているだけでなく、買い替える必要のある装備や食料品をインターネットで注文する際の受け取り先にもなってもらっている。

いつ訪れてもいいように自宅の一室を確保してくれており、整えられたベッドとシャワーを浴びるためのタオル一式を用意して迎えてくれる。

これらの施しはもちろんありがたいが、何より感謝しているのは、自分を家族の一員として扱い続けてくれていることである。ワインを片手に一緒に夕食を作り、ソファに座ってテレビを見ながら食事をする。ときに夫婦喧嘩すらも隠さないことが、自分に気持ちを許してくれている証として感じられ、嬉しかったりするのである。

なぜこれほどまで親切にしてくれるのか、彼らに尋ねたことはない。ただ感じるのは、この二人であれば、相手が自分でなくとも、同じように接するだろうということである。数年前に一度だけ、彼らを日本に招待したことがある。京都や奈良を案内し、両親や妻に紹介しながら、一番喜んでいたのはほかならぬ自分自身であった。

この二人との出会いにはじまった南東アラスカでの学生時代は、生涯の友と呼べる人たちとの巡り会いに恵まれた日々であった。

母子ほど年の離れたジニーとは、社会学の教授と生徒という間柄だった。何度もホームパーティに招いてもらううち、そんなけじめめいた区分はいつしか消え、ごく親しい友人となった。のちにジニーはアラスカを離れ、夫のマイクとともにカリフォルニアで暮らすようになる。

卒業して何年も経った頃のこと。会わなくなって久しい彼女から、突然メールが届いた。福島での原発事故の折である。

「ノリオ、日本にいては危ないわ。奥さんと一緒にここへ来なさい。しばらくの間、二人で我が家で暮らすといいわ」

ジニーは妻に会ったことすらない。

日本であれば施す側が躊躇してしまうほどの親切を、アラスカの多くの人々はさらりとやってのける。我々はしばしば、資産家や著名人を〝偉い人〟と呼ぶことがあるが、それは本来、他者に優しく、真摯に生きることで、まわりの手本となる人間にこそふさわしい言葉ではないだろうか。

以前、この南東アラスカの海上でクジラを撮影していた際に、運転していたゴムボートのエンジンが故障したことがあった。たまたま近くを通りかかった船に助けられて命拾いをしたのだが、修理のためにはボートを町まで運ぶ必要があり、結局、その船の持ち主であるご夫婦のほぼ丸一日を、自分の救助のために使わせてしまった。せめてガソリン代だけでもと、別れ際に手渡そうとしたお礼を、そのご主人は頑として受け取らなかった。そしてこう言った。

「お礼なんか必要ないよ。でもその代わり、君は困った人に出会ったら助けてあげるんだよ」

こんな人々の心根が、この地では大切に受け継がれているような気がする。そして、そんな人たちとのふれあいが、自分の作風にも少なからぬ影響を与えてくれていると感じるのである。

アンカレッジからは南東アラスカにあるピータースバーグへと移動した。漁業の盛んな人口三千人の町。サケやカニ漁が盛んで、日本へ輸出するサケの卵の品質管理のために、日本人の専門家が常駐している町でもある。

ここでも助けてくれる友人がいる。無人島へボートで運んでくれるドンだ。彼とも、もう十年以上の付き合いになる。最初は船長とひとりの客という関係だったが、毎年訪れるにつれ、気心の知れた友人へとその間柄が変化していった。

ドン宅に保管してもらっている装備もかなりの量にのぼる。撮影に使用するゴムボート、四十キログラムもある八馬力のエンジン、さらにはガソリンを入れるための二十リットル

頼まれごとは何でも引き受けてしまう、甘いもの好きのマットと、
思いやり深いしっかり者、ユーモアのセンスにも富んだパティ。京都・下鴨神社にて。

の入れ物が六個ほど。夏ごとにこれらすべてを日本から持っていくことなど物理的に不可能であり、ドンの助けなくしては撮影自体が成立しないといってもいいであろう。町から無人島までの移動に際してはドンにお金を払うとはいえ、それをはるかに上まわる親切を彼からも受け続けている。

マットとパティ、そしてドン宅に装備を預かってもらっているが、いずれの場合も、彼らの方から、まったくの厚意で申し出てくれたことなのである。

自分はなんと出会いに恵まれているのだろうかと、つくづく思う。善意の塊のような彼らの親切に救われなければ、今の自分はないと断言できる。そんな友人たちが掛け値なく自分の活動を応援してくれている。信じてくれている、と言い換えることもできるだろう。そんな彼らの存在があるからこそ、うまくいかないときでも前を向いて踏ん張ることができる。そんな気がしている。

南東アラスカにおけるキャンプ地の選定は、ザトウクジラの分布状況次第である。

彼らは夏になると主にハワイ沖から約四千キロメートルにもおよぶ旅を経て、南東アラスカへとやってくる。目的はひとえにエサを食べるためである。冬の間はほとんど何も口にせず、それまでに蓄えておいた脂肪で生きながらえるという。そのため、夏季に南東アラスカで捕らえるオキアミやニシンが、彼らにとっての命綱なのである。

その獲物たちが溢れかえる場所がこの南東アラスカにある。

島々の間をぬって東西に流れる海流・フレデリック・サウンドに、南北に走る海流であるスティーブンス・パッセージがぶつかる海域がある。対流により攪拌《かくはん》された海水には海底からの大量のプランクトンが含まれ、それをエサとするオキアミやニシンを引き寄せるのである。この海域は南東アラスカにおけるザトウクジラの狩場のひとつとなっており、クジラの数が多い年には、ボートを数十分まっすぐに走らせる間に何度もクジラと衝突しそうになるほどだ。アラスカでも、いや世界でも屈指の豊穣の海である。

この海域にはいくつもの無人島が点在し、シーズンごとにクジラたちの動向に合わせてキャンプ場所を選んでいる。ときには無人島ではなく、大陸の海岸沿いでキャンプをすることもある。

今回の撮影行で選んだのは、ピータースバーグからドンの船で四時間あまりのところにある名もない無人島。歩くと二時間ほどで周囲をまわれてしまう、ごく小さな島である。

ザトウクジラは、数いるクジラの中でも特にアクロバティックな種として知られている。ブリーチングと呼ばれる大ジャンプで宙を舞う姿を、メディアを通して目にしたことのある方も多いであろう。ほかにも、尾ビレや胸ビレを海面に叩きつけたり、頭を垂直に持ち上げて辺りの様子をうかがったりと、見る者を楽しませてくれるエンターテイナーでもある。

尾ビレだけを撮った作品を目にすることも多い。潜水する際に空中に高々と持ち上げられる尾ビレをアップで写しているのだが、尻尾だけで絵になる生き物というのも珍しい。

この尾ビレの裏側には、人間でいうところの指紋のような、それぞれの個体に特有の模様がある。研究者たちはそれらを撮影し、個体識別の資料として使っている。識別されたクジラには「Snow white」「Angel fish」といった名前がつけられる。それぞれの名前に深い意味はなく、多分に思いつきによる命名なのであろうが、ある研究者と知り合ったことがきっかけで、一頭のクジラに「Norio」という名前がつけられている。

「Norio」の尾ビレ写真を見ると、黒い地肌に、両翼の白い部分と引っかき傷のようないくつもの筋が特徴的なクジラであることがわかる。彼とはまだ会ったことがない。にもかかわらず、あたかも自分の分身であるかのような奇妙な親しみを感じており、出会うその日を心待ちにしている。

無人島の地表は一面苔の世界である。緑や黄色、オレンジや黄緑色の苔類が、水を滴らせながらつやつやと輝いている。ところによっては、押しつけた手のひらが十五センチメートルも沈み込んでしまうほど厚みがある。歩きながら、体がふわふわと宙に浮かんでいるかのような感覚が味わえるほどに、深い苔で覆われているのである。

樹齢数千年という巨木こそ見当たらないものの、両手をまわしても半分にも届かないほどのどっしりとした幹をもつツガやトウヒならば、いくらでもある。どれほど空気清浄を施した室内よりも、この森は清らかな空気で満たされている。

春を過ごした北極圏とは異なり、アラスカの中でも南に位置するこの南東アラスカの夏の夜は、それなりに辺りが暗くなる。太陽も完全に沈み、七月には星も輝きはじめる。八月初旬にはオーロラが見られることもある。

森の中はヘッドランプなしでは動けないほどの闇夜となり、おかげで、北極圏での寝不足を取り戻すかのように深く眠ることができる。

小鳥のさえずりが目覚まし時計の代わりとなる。野鳥の知識には疎いため、誰が起こしてくれているのかは不明だが、五種類ほどの鳥たちによるかわいらしいささやき合いが、毎朝テントの周辺で飛び交っている。もっとも、早朝四時に起こされてしまうのには少々困ってしまうのだが。

そんな平穏な森にはいささか不似合いな、けたたましい声で叩き起こされることもある。ハクトウワシの仕業である。

何度耳にしても言葉でうまく説明できない独特の鳴き声をしている。典型的なのは「キッ、キッ、キッ、キッ、キッ」という金切り声に続いて、よりテンポの速い「キッ」が二十回から三十回ほど続く鳴き方である。この「キッ」を日本語ではうまく言い表せないため、聞く人によってまったく違った表現になるだろう。ともかく、目覚ましとしてはまったく似つかわしくない声なのである。

アメリカの国鳥でもあるこの鳥は、その名のとおり頭部が白い毛で覆われている。特筆すべきは目のよさである。人間の八倍ともいわれるその視力により、一説によると、三キロメートルも離れたウサギを見つけることができるという。

確かに、海岸沿いの木の上でハクトウワシが海を見渡す姿をよく見かける。高さ三十メ

踏んでしまうのが申し訳なくなるほどの、真綿のようにやわらかな苔のカーペット。
長靴はもちろん「XTRATUF」。

ートルほどの木のてっぺん付近にとまり、海面近くを泳ぐ魚を探すのである。みつけると、その魚に向かって一直線。海面すれすれのところを飛びながら、両足を伸ばして一瞬にして獲物を〝鷲づかみ〟にしてしまう。そして魚を足にぶらさげたまま、元いた陸へと羽ばたいて戻ってくる。空の王者にふさわしい、華麗にして洗練されたハンティングである。

とはいうものの、このアメリカの国鳥とて完璧ではない。こんな失敗の場面に出くわしたことがある。

魚を見つけたハクトウワシが獲物に向かう。足を伸ばして瞬時に魚を捕獲して……と、ここまではよかったのだが、どうやらその魚が大きすぎたらしい。ハクトウワシはそのまま海の中にどぼんと落ちてしまった。彼らは水に浸かった状態からは飛び立つことができない。一旦陸に上がる必要がある。鋭い爪には魚が食い込んだままの状態である。さあどうするのか。予想もしなかった展開に、見ているこちらの胸中も穏やかではない。

次にハクトウワシがとった行動に我が目を疑った。なんと翼を使って泳ぎはじめたのである。しかもバタフライで。広げると二メートル以上もあるその両翼を駆使し、前方の海面をつかむように押さえつけることで、胴体が前方へと押し進められる。この動作を繰り返すことにより、歩くほどの速度ではあるものの、五十メートルも離れた陸地へと確実に近づいていくのだった。

そして十数分後。岸へとたどり着いたハクトウワシの足には、しっかりとサケが握られていた。

振り返って思う。このハクトウワシの一連の行動は、格好のよさこそ欠いていたものの、決して失敗などではなく、それどころか、あらかじめ計算された狩りだったのではないか。獲物の大きさ、捕獲地点から陸までの距離、さらには波の高さまでもを把握したうえでの行動だったと考えると、この鳥が極北の厳しい環境を生き抜いている現状にも、大いにうなずけるのである。

このハクトウワシの例をとるまでもなく、同じ場所で長期間にわたってキャンプを行おうとも、退屈な日々が続くわけではない。昨晩など、雨で海にこそ出られなかったが、ジャンプを繰り返す五頭のシャチの群れを無人島の浜から観察することができた。驚きや感動の素はきっとまわりに溢れているのだろう。それに気づくかどうかは受け手次第なのである。

この島から三百メートルあまり離れたところにはもうひとつ別の島があり、数十頭のトドが生息している。風向きによっては、彼らの「グワ〜」という地響きにも似た鳴き声が届いてくる。

トドといえば忘れられない光景がある。

別の島でキャンプをしていたある夏の夜のこと。波も風もない穏やかな月夜の心地よさに誘われ、手漕ぎのゴムボートで海に出てみた。数分間ゆっくりと漕いだあと、潮の流れに身を任せてぷかぷかと漂っていた。すると、どこからか「プハー」という生き物の呼吸音が聞こえてきた。もたげた頭が月光を浴び、てかてかと光るその主は、一頭のトドであった。どうやらこちらに興味を示しているようだ。

海中へと消えたそのトドは、彼らがよくやるように、ボートの下を偵察しながら泳ぎまわるに違いない——そう推測した。その様子を確かめようと、黒く沈んだ夜の海に目を凝らした。すると、ぼんやりと光る物体が目に飛び込んできた。青白く淡い輝きを放つ塊が、海面から一メートルほどの水中で揺れ動いている。よく見ると、それは夜光虫に包まれたトドであった。トドの動きに反応した夜光虫が発光し、トドの輪郭が無数の光の粒で縁取られていたのである。

意表を突かれた驚きとあまりの美しさに、全身がぞわぞわとした。ひらひらと海中を舞うその姿は、光の羽衣をまとった天使を想起させる神秘の絶景であった。

——そんなこともあったなあと、物思いにふけりながら森の中に張ったテントの中で寝袋にくるまる。雨粒がタープを叩く音に混じって聞こえてくるのは、ザトウクジラの呼吸音である。

息継ぎをする際の「ブオー」という厚みのある低音が森に響き渡る。十秒あまりの間をおいて再びの「ブオー……」。岸から数百メートル離れていても、雑音のない環境では、まるですぐそこを泳いでいるかのような音量で響いてくる。

そんな呼吸音を子守唄として聴いているうちに、ほどなく眠りに落ちていた。

キャンプ六日目。雨はいまだ降り続いている。

長期間の待機は決して珍しいことではない。多雨であるという地域性に加え、海が荒れることも多いからだ。

波がある日は、たとえ晴れていようとも海へは出ないようにしている。おそらく、見た人は意外に思うほどのごく小さな波でもである。

理由は二つある。

ひとつはボートが揺れるためである。陸からだと何でもないように見える波でも、ひとたび小さなゴムボートで沖へ出ると、思った以上にぐわんぐわんと揺さぶられてしまう。それでも単にボートに乗るだけならば支障はないが、問題はカメラを構えられないことである。構図を決めてここぞという一瞬を切り取ろうにも、常にカメラが激しく上下する状態では、でたらめに連写せざるを得なくなる。しかも同時にボートの運転もしなければならず、揺れ動くボート上でこの二つの作業を同時にこなすのは無理があるのである。

二つ目の理由は転覆を避けることにある。

ゆるやかな波が荒波へと豹変するまでにはさほど時間はかからない。ときにはクジラを探してキャンプから沖へ向かって二時間近くもボートを走らせることもあり、その最中に海が荒れたらと考えるとぞっとする。出発前には必ずラジオで海上予報を確認するが、それも外れる場合がある。実際、撮影中に海が急変し、高波にもみくちゃにされながらキャンプへの帰路を急いだことも何度かある。それゆえ、波の状態が海に出られるかどうかぎりぎりの場合には、キャンプで様子を見るようにしている。

転覆を恐れるのは、それが死につながる可能性が極めて高いからである。夏でも海水温は十度ほどと低温であるため、ひとたび海に落ちれば一時間と生きられないといわれている。常に身につけているライフジャケットのおかげで溺死することはないが、低体温症から徐々に命が奪われていくことは避けられない。

そのため、雨の日に加え、好天でも波のある日には停滞を余儀なくされる。実際に海に出られるのは、キャンプ全体の日数の半分にも満たないのが当たり前となっている。

チャーターした大型のボート上からシャッターを切る写真家が多い中、自分のやり方はかなり効率の悪い撮影といえるであろう。自分と同じようにキャンプをしながらゴムボートを操る写真家を見かけたのは、この二十年間で二度だけである。

幸いにもこれまでボートが転覆したことはない。だが、海で泳がざるを得なかった経験ならば一度だけある。

もう十年以上前になるであろうか。フレデリック・サウンドに面したアドミラルティ島のパイバス湾へ森の撮影に行ったときのことである。行きのボートをチャーターした先住民の村・ケイクからは五十キロメートルの距離に位置する、奥深い形状をした湾である。

この島には一・六キロメートル四方に一頭のヒグマが生息しているといわれており、その生息密度は世界でも屈指の高さを誇る。そのため、森でのキャンプを躊躇していたところ、到着した湾内で偶然にも筏《いかだ》を見つけたのだった。

約十五メートル四方のその平らな筏の隅には小屋が載っており、いわゆるフロートハウスと呼ばれる海上住居であると思われた。木製のその小屋は屋根や壁が朽ちはじめており、人が住まなくなってからかなりの年月が経っているように見受けられた。本来やってはいけないことだが、この筏を拝借し、小屋の横にテントを設営したのだった。

筏から岸までの距離はおよそ三十メートル。その間の移動には、どこかの小島でキャンプをする場合を想定して用意していた、空気で膨らませるタイプのカヤックが役に立った。撮影機材をその黄色いカヤックに積み、筏からアドミラルティ島へと渡った。たどり着いた浜にカヤックを置き、森の中を一時間ほど歩きまわったあとに浜に出ると、そこは元来た浜とは別の場所であった。

元の浜はそこから三百メートルほど先にあった。いったんテントへ引き上げようと、波打ち際を伝って歩きはじめたところ、向こうからやってくる一頭のヒグマの姿が目に入った。

ヒグマは海岸と森とのちょうど境目を歩いていたため、そのままお互いが歩き続けたとしても、五十メートルあまりの距離をおいてすれ違うだろうと推測できた。それならば特に危険はないはずだと、そのまま何もなかったかのように歩き続けた。実際、すれ違う前からヒグマはこちらを何度か見てはいたが、特段気にとめる様子もなくそのまますれ違い、歩き去っていった。

軽い安堵を覚えながら歩を進めるうちに、浜に置いてきたカヤック〝らしきもの〟が見えてきた。

〈あれ？　あんな形だったかな。いや違うぞ。何かがおかしい〉

嫌な予感に急かされるように浜へ戻ると、そこで待っていたのは、無残に引き裂かれた黄色いビニール片と化したカヤックだった。

〈あいつめ！〉

こみ上げる怒りをぶつけるべき対象はすでにはるか遠く、かといって、目の前にいたとしても決して手出しのできる相手ではなかった。

だがしかし、置かれた現状の深刻さに気づくやいなや、そんな怒りは瞬時に消え去ってしまった。つまり、筏へ戻る手段を失ってしまったのである。

浜には、カメラと三脚のほかは、一リットルのボトルに入った飲み水しか持ってきていない。テントや食料、衣類、携帯用無線機などはすべて筏の上に残したままである。なんとしても筏まで辿り着かねばならない。

泳ぐしかない――。

幸いにもライフジャケットを身につけていた。溺れることはないだろう。だが何より恐れたのは、泳いでいる最中に体が動かなくなることだった。海水温が低すぎるため、筋肉が麻痺して機能しなくなる可能性は充分にあった。

浜から筏までのこの三十メートルの距離を、果たして力尽きる前に泳ぎ切ることができるのだろうか。途中で無理だと思っても、そこから引き返すだけの体力が残されているだろうか……。

一発勝負の、一か八かの賭けに出なければならなかった。押し寄せる不安と緊張を抑え込むかのように、何度も深呼吸をした。

意を決して水の中へ歩きだした。太ももが海水できゅーっと締めつけられる。そのまま歩き続け、胸までの水位に達したところで、足を浮かせて泳ぎはじめた。

途端に冷水が全身を包み込んだ。ライフジャケットのおかげで、かろうじて頭だけは水上に出したままの状態で泳げそうだ。一点に筏を見据えたまま、クロールで前へ向かった。あれほど恐れていたアラスカの海で泳いでいることが、この期におよんでも信じられなかった。

掻いても掻いても筏が近づいてくる感じがしない。だが泳ぎ続けるしかない。ハアハアという自分の荒い息と、遠くに浮かぶ筏の像だけが、今でも頭にこびりついている。何十分にも感じられた決死の水泳は、実際には数分間で無事に終了した。筏へたどり着き、全身を引き上げようと踏ん張った両手には思うように力が入らず、身を横たえるように這い上がったことを憶えている。

ひと息ついたあと、無線機でケイクからの迎えの船を頼んだ。

ようやくボートを海に浮かべることができたのは、キャンプ開始から一週間が経過した雲ひとつない快晴の日であった。

浜に置いておいたゴムボートを背中に背負い、波打ち際へ運ぶ。ガソリンタンク、海図、一・五リットルのウォーターボトル、カメラやレンズの入った防水ケースを積み込み、エンジンを取り付ける。ライフジャケットを着て、その上から無線機の入ったハーネスを装着すれば準備完了だ。海上予報も申し分ない。ようやく自分にとっての〝夏〟が始まった。

湖のごとく凪いだ海を滑るようにボートで進む。〝シルクのような〟という表現がふさわしいのかもしれないが、この海面を見ていると、なぜだかいつも絹ごし豆腐を思い浮かべてしまう。

目的地は、小一時間ほど離れたクーパノフ島沿いの海域である。例年、ニシンを追うクジラたちが頻繁に集まる場所である。

海上を見渡すと、時折、ほかの船舶を見かけることがある。貨物の運搬船や漁船、観光客を乗せた客船などである。アメリカ西海岸を出発してアラスカまでを航行する豪華客船によるクルーズ旅行も人気らしく、まれに夜間、無人島から何十キロメートルも先できらきらと輝く客船を目にすることがある。その姿は、きらびやかにライトアップされた超高層ビルが横向きに海に浮かんでいるようにも見え、何もない島からの光景としては、いささか戸惑いを覚えたりもする。

ピータースバーグからはホエールウオッチングの客を乗せた船も数隻やってくることがある。毎年この海に通い続けているおかげで、地元民であるそれらの船の船長たちとも、今では友人となっている。彼らとは無線でクジラの居場所に関する情報を交換するだけでなく、食べものを差し入れてもらったり、ときには船の上に招待されて食事をごちそうになることもある。

ボートの操縦に免許は不要。自由気ままに大海原を駆け巡る。
風の日は冬の寒さだが、晴天の無風時は全裸になりたいほどの猛暑となる。

実にさまざまなプレゼントをもらってきた。手作りのクッキーやスコーン、釣りたてのカレイのエンガワの刺身。海底にカゴを沈めて捕まえた獲れたてのエビにいたっては、これまで食べてきたエビは何だったのかと思ってしまうほど、とろけるように甘く、丸々と太っていた。

日本酒をもらったこともある。「月桂冠」と書かれたその中瓶を渡されたときには、さすがに目を丸くしたものだ。まさかアラスカの自然のど真ん中で日本酒をもらうことになるとは。あとで知ったことだが、ピータースバーグの店でも日本酒は普通に販売されていたのである。アルコールはほとんど口にしないのだが、自分が日本人だとわかったうえでの心遣いが何より嬉しかった。

中には無人島までわざわざお土産を持ってきてくれる人までいる。

一度こんなことがあった。

丸一日海で撮影をし、キャンプへ戻ったのは午後十時過ぎ。テントの横を見ると缶ビールが三缶置かれてある。自分のものではない。おそらく誰かが差し入れてくれたのだろう。そう瞬時に理解したものの、果たしてその送り主が誰なのかがわからない。せっかく来てくれたのに不在で申し訳なかったなあ……。そう思ってビールの横に目をやると、浜の石らしきものが並べられてある。よく見ると、碁石ほどの大きさのそれらの石でアルファベットが綴られていた。読んで見ると〝B〟〝O〟〝B〟とある。

〈Bobが来てくれたんだ！〉

普段は口にしないにもかかわらず、会えなかった友人の顔を思い浮かべながら飲んだビールは、しあわせな美味しさを感じさせてくれた。

キャンプ中に自分で用意をする食事は相変わらず質素だが、その気になれば魚を捕ることはいたって簡単である。以前は、クジラが見当たらない日などは、ゴムボートから釣りをしたものである。一日分から購入できる漁業権さえ手に入れれば、南東アラスカでは誰でも釣りを楽しむことができる。

海岸付近に群生するジャイアントケルプと呼ばれる海藻がある。根を張った海底から海面まで伸びており、ロープを使ってこの海面付近の海藻にゴムボートを結びつけると、潮に流されることなく釣りができる。釣竿はなくても、釣り糸と疑似餌さえあれば充分である。糸に結んだ疑似餌をゴムボートから垂らし、くいくいと上下させるだけで、ほどなく魚が食いつく。名前も知らない魚たちだが、三十センチメートルほどのものであれば難なく釣れてしまう。あまりにも簡単に釣れるので、こちらが驚いてしまうほどである。

釣り人や疑似餌には免疫のない魚ばかりなのであろう。きっと〝スレていない〟から素直に騙されてしまうのだろうな、などと勝手に解釈している。

しかし、今ではもう釣りは一切やっていない。

ボートを浮かべてのんびりと釣りができるような日は撮影日和でもある。ただでさえ海に出られる日が限られているため、クジラがいる場合には撮影以外のことにはできるだけ時間を割きたくないのである。

それに加えて、ある失敗の影響もある。

疑似餌に掛かった魚をゴムボートの上に引き上げ、針を口から外そうとしたときのことだ。簡単に外れたその針を、何の気なしにボートの床に放置してしまった。そして魚をビニール袋に入れようと体を動かした際に、あろうことかその針を上から踏みつけてしまったのである。

プスッと音がしたと同時に、ゴムボートからスーっと空気が漏れはじめた。

一大事である。空気の抜けたゴムボートは前に進まないどころか、放っておけば沈没してしまう。幸いにも、空いた穴が小さかったため、何とか無事にキャンプへ戻ることはできたものの、このハプニング以降、ゴムボートの上では先の尖ったものを扱う作業の一切を避けるようになった。

クーパノフ島が近づいてきた。数キロ先には、白く立ち昇るクジラの吐く息が、小指の先ほどの大きさにまで見えてきた。

〝数キロ先〟と書いたが、これはクジラの息の見え方から推測したごく大まかな見立てにすぎない。アラスカの自然の中ではこの〝距離感〟をつかむことが非常に困難な場合がある。

街中であれば、自分のいるA地点からその先のB地点までの間の距離は、その途中に点在する人や車、家やビルなどの大きさとの相対関係から、ひと目でなんとなく把握できてしまう。一方、この南東アラスカの海上では、ただただ鏡のように凪いだ海が広がっているため、距離を測る目安となる物体自体が存在しない。よって、B地点までの距離の把握が難しいのである。

これは距離に限ったことではない。物体の大きさについても同じことがいえる。

目の前にそびえ立つ雪山がどれほどのサイズであるのかが、よくわからないのである。

山の横に人や家でも立っていれば、それがいかに高峰であるのかが一目瞭然なのだが、何もない原野では高さを比べる目安が存在しないため、山の大きさも、さらには、山までの距離も把握できないのである。見える距離にあるのだからそう遠くないだろうと思って歩きだしたものの、いつまで経っても風景が変わらず、目的地にたどり着けないという失敗も、ときどきある。

そうこうするうちに、ようやく、クジラの吐く水蒸気が白い柱となって五メートルほどの高さにまで噴き上がる様子が見てとれるようになった。吐く息の塊を原寸で把握できる距離である。

八頭あまりが群れとなって海岸沿いを泳いでいる。どうやら狩りをしているようだ。

ザトウクジラが集団で行う狩りの名称をバブルネットフィーディングという。その一部始終の迫力と豪快さは、見る者に、日常生活では決して味わうことのできない本物の興奮を与えてくれる。

まず、ニシンの大群を見つけたクジラたちが群れを形成する。これまでに目撃した最大のものは二十頭もの集団だった。この群れが次々と潜水し、ニシンの下へと潜り込む。その後、群れの中の一頭が、呼吸孔から泡を吐き出しながら、大きな円を描く。するとその泡が海面へと螺旋を描いて上昇するにつれ、泡のネットがニシンの大群を取り囲む。これが〝バブルネット〟である。

　捕らわれたニシンたちはこのバブルネットの外側に逃げるどころか、逆に身を寄せ合うようにして中央に集まってくる。彼らはこの得体の知れない泡を怖がる習性があり、クジラはその弱みを先刻承知なのである。

　より密度の高い塊となったニシンの大群をめがけて、すべてのクジラたちが大口を開けて下から襲いかかる。そしてその勢いのまま一斉に海面を突き破り、ロケットのごとく海上に飛び出してくる。そのタイミングの揃い具合は、あたかも皆で示し合わせたかのような鮮やかさである。

　四十トンもの巨体が突然飛び上がってくる集団の狩りは、見ているだけで胸が掻き立てられる一大スペクタクルである。これまで幾度となく目撃してきたが、この先何度遭遇しようとも、決して見飽きることはないであろう。

　この狩りをいっそう興味深いものにしているのが、ザトウクジラが発する叫び声である。ニシンの大群を追ったクジラの群れが海中に消えて数十秒後。海底から、高音のもの悲しげな叫び声が響き渡ってくる。なんとも形容しがたいそのトーンは、例えるならば幽霊のような声とでもいえるだろうか。

ゴムボートの床を突き上げるように鳴り響くその声は、二十キロメートルも離れた仲間にまで届くという。声の主は群中の一頭もしくは二頭。冬季にザトウクジラが奏でる求愛の〝唄〟とは異なり、獲物であるニシンを追い立てる際の〝叫び〟だとされている。

その叫びは、狩りのたびに二分間ほどにわたって続く。最初は比較的穏やかだった声が、ピークに向かうにつれボリュームとトーンがぐんぐんと高まり、次第に昇り詰めるような切迫感を帯びてくる。そしていよいよその絶叫が頂点に達するその瞬間に、クジラたちが一斉に飛び上がってくるのである。

どこから飛び出してくるのかは直前までわからない。プランクトンが充満した海水は濁っているため、水中でのクジラたちの動きをまったく目視できないからである。吐き出された泡が海面に直径二十メートルほどの円を描きはじめてようやく、その内側からクジラの群れが突き上がってくることが予想できるのである。

すべてのザトウクジラがバブルネットフィーディングを行うわけではなく、この南東アラスカにおいては少なくとも五十頭あまりがその使い手であると確認されている。

目の前の八頭の群れは、まさにその狩りの最中であった。

尾ビレを持ち上げたクジラたちが吸い込まれるように海中へと姿を消すと、ほどなく叫び声が響いてくる。それが次第に絶叫へと変化する間、こちらは目と耳の神経を集中させる。

目で探すのは浮上してくる泡だ。辺りをキョロキョロと見まわしながら、最初の泡がどこから顔を出すのかに目を凝らす。バレーボール大のその泡は、海面に浮上すると同時にプクプクと音を発する。耳で捉えるのはその破裂音である。そのかすかな音を敏感に聞き分け、泡の浮上場所、つまり、クジラたちが飛び上がってくるポイントを探し当てるのだ。音を察知すると同時にカメラをそちらに向け、巨鯨たちの爆発の瞬間を待ち構えるのである。

雑音は泡の音を聞きとりづらくするため、ゴムボートのエンジンは大抵の場合オフにしてある。

この状況下では、事故を避けるために細心の注意が必要となる。

エンジンを切った状態のゴムボートは音をまったく発しないため、クジラがこちらの存在に気づかない。それにより、息継ぎの際に浮上してくる四十トンの巨体に下から突き上げられる可能性が高まる。さらに運が悪ければ、バブルネットの円に囲まれてしまう危険性もある。よって、シャッターチャンスと危険回避という二つの目的を同時に果たすべく、クジラの潜水中は、神経を研ぎ澄ませておく必要がある。

潜っては大口を開けて飛び上がり、また潜っては飛び上がる。ひたすらこの繰り返しで、この日だけでも何十回ものバブルネットフィーディングを目の当たりにした。さぞかし海中は大量のニシンで占められていたのであろう。午後九時の日没を過ぎても、その祭宴はとどまるところを知らなかった。

遅くとも、暗くなる前、つまり、午後十時過ぎにはキャンプへたどり着いておく必要がある。暗がりの中、海藻だらけの沿岸でボートを走らせると、知らぬ間にエンジンに海藻がからみついて身動きがとれなくなるからである。

後ろ髪を引かれる思いでクーパノフ島をあとにした。

この日は、写真家としての成果はゼロに等しかった。何度も胸踊るシーンを目撃しておきながら、実際にシャッターを切ったのは数えるほどの回数にとどまり、肝心の写真の出来栄えも、人に見せられるクオリティにはほど遠いものばかりであった。

この不作に関していうならば、これが南東アラスカにおけるザトウクジラの撮影の日常である。クジラはたくさんいるし、ブリーチングもバブルネットフィーディングも頻繁に

それぞれ決まったクジラが、泡を出し、叫び声をあげる。高度なチームワークを要するバブルネットフィーディングだが、グループ内の個体に家族としてのつながりはない。

行われてはいるが、だからといって写真がたくさん撮れるわけではない。

ザトウクジラの観察に関しては規定があり、船舶はザトウクジラに対して百ヤード（約九十メートル）以内には近づいてはならない決まりになっている。そのため、いかに多くのクジラたちが辺りにいようとも、こちらから接近して写真を撮るわけにはいかないのである。

遠くにいるクジラを撮ることならばいくらでもできるものの、それでは作品にはならない。結果として、クジラがこちらに近づいてくるのを待つこととなり、被写体を目の前にしながらもシャッターを押せない時間が延々と続くことになる。実際のところ、クジラたちに囲まれながらも、一度もカメラに触れないという日も多くある。

無人島の浜が見えてきた。あと百メートルあまりで到着するというその瞬間に海上に漂ってきたのは、森の木々の香りであった。夏のキャンプ中の出来事の中でも、最も楽しみにしていることのひとつである。

一日中ボートの上で、照りつける日差しや潮風にさらされ、大した成果もあげられぬまま帰途につく。日没後の冷気を全身に浴びながらボートを走らせ、震える体でたどり着いた我が島で迎えてくれるのが、この森の香りなのである。それは、やさしくかけられる

「おかえりなさい」のひと言にも似て、心身をふっと軽くしてくれる不思議な力を宿している。

ゴムボート、エンジン、ガソリンタンクを、満潮が届かない浜の上に運ぶ。防水ケースに入った撮影機材を肩に担いで森へ入り、テントへとたどり着く。

テントの横で椅子代わりとして使っている木片に腰をおろす。長さ一・五メートルほどのその何の変哲もない流木は、もう何年も前にこの島の浜で拾ったものである。朝晩の食事の際に椅子として使っており、キャンプが終わると木に立てかけて、島をあとにする。ちょうど一年後に島へ戻ると、その流木は寸分たがわず同じ場所にある。誰にも触れられることなく、まるでそこだけ違う時間が流れていたかのように――。

座っているにもかかわらず頭がふらふらとするのは、長時間ボートに揺られていたせいであろう。それもそのはず、計算すると、この日は十三時間にわたって海の上にいたようである。かすかな体調不良といえなくもないが、できる限りのことをやった結果としてのこの症状を、実は案外気に入っていたりする。

翌朝、手鏡に写った自分の顔のあまりの日焼け具合に思わず苦笑してしまった。メガネの滑り止めのパッドがあたる鼻の付け根の二点だけを残して、顔全体が靴墨を塗ったように真っ黒なのである。絶え間ない直射日光に加え、海からの照り返しにも焼かれ続けていたのだから、無理もない。

二十年ほど前のこと、クジラの撮影直後に、日本から旅行でやってきた友人夫婦をジュノーの空港で出迎えたときのことを思い出す。異様に日焼けした自分の顔の違和感が強すぎて、平常心では会話ができないと感じたのだろう、その奥さんが放った最初のひと言は「黒すぎてどこを見て話したらいいのかわからない！」であった。

人と接する機会がほとんどない環境で暮らしているにもかかわらず、実は鏡を見ながら小型の電気剃刀を使って髭を剃っている。ザトウクジラの撮影を始めた当初は、キャンプ中の髭は伸ばし放題だったのだが、数年を経て剃るようになった。これには理由がある。

普段から髭が濃いため、二週間も放っておくとふさふさに密集した剛毛が口のまわりをぐるりと取り囲むようになる。この状態で日焼けをすると、あとで髭を剃り落としたときに、口のまわりだけが白く縁取られてしまう。これはいかにも格好が悪い。そのため、キャンプ終了後の〝社会復帰〟に備えて、テントの中で毎朝髭を剃っているというわけである。

この日を境に好天が続き、なんと十五日間にわたって雨が一滴も降らない状況となった。温帯雨林の南東アラスカとしては異常事態である。ジュノーの七月の平均気温は観測史上最高だったと、天気予報を伝えるラジオ放送が盛んに伝えていた。

せっかく快晴が続いたものの、そのうちの半数ほどの日は強風のため海に出ることができなかった。

そんなある停滞日のこと。浜から広がる濃紺の海にはトドやアザラシ、海鳥の姿があった。ジャンプを繰り返しながら前進するのは、どうやらサケのようだ。生まれた川を、生殖のために遡上する無数のサケたちが、数年の回遊を経て、河口付近の海に帰ってきたのである。

ありあまるエネルギーを発散させるかのようにジャンプを繰り返すサケの姿を、頻繁に見かけるようになっていた。ボートを走らせている最中に数メートル先でそんなジャンプに遭遇すると、そのままこのボートに飛び乗ってくれたらさぞ豪華な夕飯にありつけるのに、などと考えてしまうのである。

そんなサケたちのあとを追って、川を探索することがある。ゴムボートを運転し、河口から川をさかのぼるのだ。

川底までがくっきりと見える幅十メートルあまりの透明な流れを、歩くほどのスピードでゆっくりと進む。時折出くわすサケの黒い魚影が、ボートに驚いて弾けるように散っていく。川は次第に深みを増し、流れの遅くなった水面には、もはやさざ波ひとつ立っていない。

水深は二メートルほどもありそうだ。知らぬ間に逃げなくなっていたサケたちは、気がつくといたるところで幾重にも重なり合っており、透明だった水は、いつしか黒い流れと化していた。そう、透き通っていた川が数千匹のサケたちで隙間なく埋め尽くされ、真っ黒になっていたのである。

ゴムボートを川沿いの木にくくりつけ、森に足を踏み入れる。幹までコケに覆われた大木の根元に横たわっているのは、サケの死骸である。おそらく、つい今しがたまで川を泳いでいたと思われる瑞々しいそのサケからは、頭部のみが失われていた。クロクマが、栄養分の高い頭だけをかじって、次の獲物を探しにいったのであろうと思われた。

無念にもクマに捕らえられたサケではあるが、決して無駄死にしたわけではない。クマに森へと運ばれたサケは、死してそのまま植物の肥料となる。さらに、その屍をついばむ鳥やクマの排泄物へと姿を変え、より広範囲に散布されることで、森に栄養を与えるのである。

そうして育まれた森の清らかな流れで生を受けたサケの稚魚たちが、海へと旅立ち、数年を経て、また生まれ故郷の川へと、そして森へと帰ってくる。サケも、クマも、森も、そして海も、すべてがつながっている。

八月初旬のこの日、風がやわらぎ、久しぶりにボートで海に出ることができた。しかしながら、少し波があったため遠出はせず、慎重を期して、数十分で島に戻れる範囲を漂っていた。

ザトウクジラはいなかったものの、幸いなことに、夕刻になってシャチの親子と遭遇することができた。

息継ぎのために数分おきに浮上してくる母親に比べ、息が続かない子供はそれこそ毎分のように海面に顔を出してくる。その姿をほほえましく眺めながら、ふとあることを思いついた。彼らが水中で発する音を録音しようと考えたのである。シャチは、自らが発した音波の跳ね返りを感知することで、まわりにある物体を把握するといわれている。その音波を録音したいと思ったのだ。

携帯式の小型録音機に、先端に録音部分のついた十五メートルほどの水中マイクを接続して、海にそっと沈めた。

録音機に装着したイヤホンを通して、その音はすぐに耳に飛び込んできた。空き瓶を箸で叩いた音、とでも形容できるであろうか。その乾いたカチカチという連続音は、生き物の発する音としては意外なほどに無機質な響きであった。

毎秒二回ほどのカチカチ音がしばらく続いたかと思うと、次第にテンポが速くなり、ついには高速で回転する歯車のように激しくカチカチと鳴り続ける。目を閉じてその音に耳を傾けると、水中を舞い踊る彼らの姿がありありと想像でき、自分でも驚く。音のリアルさに加え、姿が見えないことで想像力がいつになく掻き立てられるからであろう。

そんな音に混じって、かすかに叫び声のようなものが聴こえてきた。確かにシャチはカチカチ音のほかにも独特の鳴き声を発することがあるが、どうもそれとは違うようである。神経をいっそう集中させて聴きとると、その正体がわかった。ザトウクジラである。彼らがバブルネットフィーディングの際に発する声に間違いなかった。あの憂いを帯びた叫び声が、シャチの背後のどこか遠くから届いてきていたのだ。

だが見渡してもクジラの姿はどこにもない。尾ビレどころか、吐く息が空中を漂う影すら見当たらないのである。

おそらく、そこから十数キロメートル離れたクーパノフ島付近にいるのだろうと思われた。シーズン当初にも彼らを見かけた場所である。頻繁にバブルネットフィーディングが行われるあの沿岸で、まさにこの瞬間、彼らはニシンを追いかけているのだろうと想像し、胸が高鳴った。

そのままクーパノフ島へ向かいたい衝動にかられたが、到着する頃にはもう太陽は沈んでしまっているだろう。クジラを探す時間もないままキャンプへ引き返さないといけないことは、明白であった。

そのまましばらくシャチの親子を観察したあと、キャンプへと引き返した。

そして翌日。快晴ではあったものの、前夜からの強風が吹きやまず、ようやく出発できたのは昼過ぎのことであった。

迷わずクーパノフ島へ向かった。わずかに波があるものの、予報では荒れる見込みはない。少しでも早くクジラの居場所を探し当てようと、島をバックに浮かび上がる白い呼気の柱に目を凝らしながら、エンジンのハンドルを握った。

やがて、はるか先にその柱が見えはじめた。

寄り添うように次から次へと噴き上がるその様からは、かなりの頭数がひとかたまりになって泳いでいることが推測できた。バブルネットフィーディングを行っているに違いなかった。

群れまで百メートル付近にまで近づき、潜水するクジラたちの尾ビレの数を数える。少なくとも十頭はいるようだ。尾ビレを見せることなく潜る個体もいるため、実際の頭数はさらに多かった可能性もある。

そしてほどなく、あの叫び声がゴムボートを通して響き渡ってきた。泡のリングが海面に描かれたかと思うと、次の瞬間にはすべてのクジラたちが一斉に口を開けて飛び上がってきた。幾度も見てきた光景ではあるが、毎回、初めて見るかのように興奮が押し寄せてくるのはいったいなぜなのだろう。

群れのまわりには、百羽を超えるカモメたちがキイキイと鳴きながら飛び交っている。

クジラが潜水するとカモメたちは飛ぶのをやめ、海面にぷかぷかと浮かんで休みはじめる。それがあの叫び声が聴こえてくるやいなや、再び飛び立ち、海面から十メートル前後の高さで旋回を始める。どうやら、叫び声の発信場所を敏感に感じとり、浮かび上がってくる泡を探しているようである。そして泡が見えた途端、カモメたちは一斉にその海面付近に群がりはじめる。彼らの目的は、クジラの浮上とともに海面を跳ねまわるニシンをかすめとることなのである。

カモメの思惑どおり、クジラたちが海面を突き破ってくる直前に、無数のニシンが跳ねる様子が見てとれる。急降下したカモメたちがそれらをついばみはじめたかと思うと、もう次の瞬間にはクジラが飛び出してくるという具合である。

大口を開けたクジラのすぐ横を飛ぶカモメたちを見ていると、クジラに食べられてしまうのではないかと、見ているこちらがハラハラしてしまう。それは、自分にも似たような、こんな体験があるからなのであった。

その日は、バブルネットフィーディングを繰り返す八頭前後の群れを目の前にしていた。カモメの姿はなく、クジラたちの出現場所に関しては、自分の目と耳に頼らざるを得なかった。

クジラたちはどこから飛び上がってくるかわからない。だが広い海のことである。大抵の場合は、自分からは遠く離れたところから浮上するため、バブルネットフィーディングは写真家泣かせの被写体でもある。

十何度目かの浮上の際のことだった。いつもより大きく聴こえるクジラの叫び声に微かな不安を感じながらも、いつものように辺りを見まわし、海面に浮かんでくる泡を探していた。すると、水中をゆらゆらと浮上してくる数個の泡がゴムボートからわずか三メートルほどのところに見てとれた。〈危ない！〉と思ったのもつかの間、次々と浮かんできた泡は、あっという間にボートをぐるりと取り囲もうとしていた。このままでは、一斉に飛び上がってくる巨鯨たちに体当たりされて、もみくちゃにされた挙句に海へ投げ出されてしまう。下手をすればクジラに飲み込まれてしまう可能性もある。それを避けるにはとにかく音を出すことだ。音さえ届けば、彼らは浮上をストップしてくれるかもしれない――。

エンジンをスタートさせるには時間がなさすぎた。とっさの判断でゴムボートの端を両手でバンバンと思い切り叩いた。

…五秒…十秒…十五秒……クジラたちが浮上してくる気配はない。三十秒あまりが過ぎただろうか、五十メートル離れた海上に、息継ぎをする彼らの姿が次々と現れた。〈助かった……〉ボートの上に思わず腰から崩れ落ちた。

――クーパノフ島沿いで狩りを繰り返す群れを眺めながら、そんな出来事を思いだしていた。

撮影は思ったようには進まなかったが、仕方のないことである。それでも、いつでもシャッターを切ることができるよう、ボートに積んだカメラケースの上に機材を載せて用意をしていた。

すると、群れの中の一頭が、突然、頭をわずかに持ち上げたかと思うと、その反動を利用して勢いよく水中に潜っていった。それは彼らが時折行う、ブリーチングをする際の助走のような行動だった。

すぐさまカメラを構えた。そのクジラが水中へと姿を消した地点から推測して、ジャンプをして出てくるであろう、つまりその少し前方を、ファインダーから覗き込んだ。

するとどうだろう。その一頭の左側を泳いでいた別のクジラが先にブリーチングをして空中に躍り出てきた。さらに間髪を入れず、群れの中で右端を泳いでいた三頭が、打ち上げ花火のように連続して宙を舞ったのである。あっけにとられて何もできない自分を尻目に次にブリーチングで身を躍らせたのが、最初に潜っていった一頭であった。つまり、五頭ものクジラたちがほぼ同時に目の前でジャンプをしたのである。

その後も彼らは、ブリーチングを繰り返し、尾ビレを海面に叩きつけ、下半身を馬のように蹴り上げ続けた。大海原を所狭しと狂喜乱舞する巨鯨の群れ――。豪快な狩りのフィナーレにふさわしい、圧巻のショータイムだった。

バブルネットフィーディングを繰り返した群れの中の数頭が、このように突然ブリーチングを始めることは、実はよくある。その一部始終を観察する者からすれば、〈もうお腹いっぱいだから、食べるのやーめた〉とでも言いたげな行動に見えてしまうのだが、本当のところはクジラに訊いてみないことにはわからない。確かなことは、この種のブリーチングのあとには、群れは解散してしまうことがほとんどだということである。

五頭ものクジラがほぼ同時にブリーチングをする場面に遭遇したのは、これが初めてである。二、三頭によるブリーチングであれば見たことはあるし、この海域を航行するほかの多くの人たちにも馴染みの光景であろう。だが、これほど多くのクジラによる〝祝宴〟が目の前で起こるとは、予想だにしていなかった。

カメラを構えていたおかげで、一連の様子を部分的に撮ることはできたが、あまりに意表を突かれた出来事に冷静な対応ができず、納得のいく作品は撮ることができなかった。しかし、あの場に居合わすことができただけでも幸運だった。それほどまでに珍しく、また圧倒的なひとときであった。

そしてキャンプ最終日の今日。南東からの湿った風が暴風と化し、森の木々を押し倒さんばかりに揺らしている。どんよりと垂れ込めた雲からは、今にも雨粒が落ちてきそうである。

注意をしながら使ってきたこのノート型パソコン。バッテリーを使い切ることも、湿気で故障することもなく、無事に最後まで動いてくれた。

もう原稿の消失を心配しなくてもよいであろう。今夏に撮影した全部の写真を記録用カードからこのパソコンに移して、スクリーン上で一枚ずつ見直してみた。すると、なんとも嬉しい発見があった。バブルネットフィーディングを撮影した写真の中に、数枚ではあるが、潜水しようとする個体の尾ビレの裏側が写っているものがみつかった。その中の一枚に、研究者による個体識別画像集で見た憶えのある尾ビレが見受けられた。

画像集を広げてスクリーン上の写真と並べてみる。それは、あの「Norio」であった。会ったことはないと思い込んでいた彼と、実はこの夏の間に出会っていたのである。

感動の素は、ここにもあった。

ザトウクジラの「Norio」。背後の景色から推測すると遭遇場所はクーパノフ島沿岸。
どうやら「Norio」は、バブルネットフィーディングを行う集団の一員のようである。

第三章　紅の海

アラスカでも紅葉が見られるというと驚かれるだろうか。何を隠そう、かくいう自分も、最初はその光景に目を疑ったひとりである。

紅葉というと、木々の枝を覆い隠すように生い茂る無数の葉が色づく様をイメージするものだが、極北のそれは地面が染まる現象である。正確には地を這うように群生する植物の葉が変色するのだが、大地が隙間なく遥か彼方まで染まりゆく風景を目の前にすると、まるで地中まで色づいているのではないかと、ありもしない想像をしてしまう。

そんな絶景に出会える場所が北極圏だ。わずか二カ月前にカリブーを追った同じ地域ではあるものの、紅葉で彩られた北極圏は以前とは別世界である。

八月末から九月初旬にかけて、この地で紅葉を追った。

フォート・ユーコンという人口五百人あまりの村でセスナのパイロットと待ち合わせた。目指す撮影地はそこから約二百五十キロメートル北上したところにある。二時間あまりの飛行である。

フォート・ユーコンはまだ夏の装いである。緑したたる樹木は日差しを浴びて光り輝き、その陽光は、すでに南東アラスカで真っ黒に日焼けした自分の肌をさらに焼かんとばかりに差し込んでくる。行き交う住民のほとんどはまだ半袖姿である。

これから本当に紅葉を見ることができるのだろうか――。自分を取り巻いている環境と、思い描く季節とのギャップの大きさに淡い不安を感じながら、北へと飛び立った。

眼下には春と変わらぬ原生の風景が果てしなく広がっていた。カリブーのトレイルが幾重にも刻まれたツンドラの大地。その合間を縦横無尽に蛇行する川は、もつれたロープを想起させる。ありのままの北方の風景は、心の奥底に宿る大切な何かに訴えかける、無垢な清らかさを醸しだしている。

春と明らかに違うのは景色の色合いである。カリブーたちが踏み歩いた鮮やかな緑のカーペットは薄い黄緑色に色褪せ、枯れたようにも映る。むろん紅葉と呼ぶには時期尚早で、ところどころに変色のきざしは見受けられるものの、秋はまだ先といった印象である。

撮影行には三週間の日程を組んでおり、例年どおりだとすると、この間のどこかで紅葉はピークを迎えるはずである。だが本当にそうなるのだろうか。そう疑ってしまうほど、眼下の風景からは生気が失われているように見えて仕方がなかった。

これまでの経験からすると紅葉のピークはおよそ三日間。そう、一年の間でたったの数日間だけ、ツンドラの大地が燃え盛る炎のごとく鮮やかに色づくのである。

むき出しの地面に着陸をする。セスナにはツンドラタイヤと呼ばれる空気圧の低い表面がつるつるしたタイヤが装着されており、荒地へのランディングで生じる衝撃をうまく吸収してくれる。機体は、跳躍する鹿のように何度か弾んだのち、無事に停止した。

セスナの扉を開け放つと、途端に冷気が体を包み込んだ。春の空気にも凜とした気配を感じたものだが、より低温で引き締まった秋のそれには、自分の曲がった背筋が正されるような緊張感すら漂う。

つい二カ月前にはあれほど苦しめられた蚊も、もうほとんどいない。数匹が近づいてはくるものの、ゆらゆらと力なく風にあおられる姿は以前と比べるとまるでスローモーションで、手づかみで難なく撃退できてしまう。もはやあの強力な蚊除け剤・ディートは不要である。

ベアーベリーの葉はすでに目の覚めるような赤に染まっている。まるで加工を施したかのように強烈な色合いである。

ブルーベリーの葉も負けていない。ベアーベリーほどの鮮烈さはないが、爪ほどの大きさの葉という葉が深い朱色に色づき、濃紺に熟した真珠玉のような果実がその合間にぶらさがる様子は、さながら秋のクリスマスツリーである。

だが、ツンドラの紅葉の主役はベアーベリーでもブルーベリーでもない。色の鮮やかさという点においてはほかを圧倒するものの、その控えめな群生規模と植物そのもののサイズのせいで、どうしても見劣りしてしまうのである。機上からの風景の色合いに物足りなさを感じたのもそのためである。

晩秋のツンドラを染め上げる主役となるのはヒメカンバである。天をつく枝は、高いものでは一・五メートルほどもあり、一株から何本も伸びた箸ほどの太さのそれらの枝には一円玉大の丸い葉が無数に連なっている。例えるならば、葉をまとった巨大なイソギンチャク、といったところであろうか。

キャンプから数十分歩くと、かき分けて歩くのも苦労するほどにこのヒメカンバが密集している場所がある。紅葉のピーク時には、果てが見えないほどに群生するそのヒメカンバが赤やオレンジに染まり、一面の松明と化して辺りを彩るのである。

今はまだ、潤いを失った薄緑の葉が来たるときを待って息を潜めている、そんな情景である。

春に使ったものと同じテントを組み立てる。購入してからまだ数年しか経っていないにもかかわらず、鮮やかだったオレンジ色の生地は、くたびれ果てたように色褪せている。白夜の紫外線を浴び続けたせいであろう。自分の肌もこれほどにダメージを受けているのだろうか。もとより、日焼け止めすら持っていないのだから、そんなことを考えても仕方がないのだが。

ツンドラを飛ぶように駆けまわるのは一匹のジリスだ。地面に直径十五センチメートルほどの巣穴をいくつも掘り、その間の二十メートルあまりの距離を全速力で駆け抜けている。時折凍りついたように立ち止まり、後ろ足だけで直立して辺りをうかがう姿が、なんとも愛らしい。

よく見ると口には束になった枯れ草らしきものが咥《くわ》えられている。冬眠に備えて食料を確保している最中か、あるいは巣作りに励んでいるのであろうか。半年を超える冬眠の期間中、彼らは体温を氷点下三度にまで下げるという。全長二十センチメートル前後のその小さな体内に、氷点下五十度の極夜を生き抜く力が備わっているとは、にわかには信じがたい。春がきても目が覚めなかったらどうするのか、などと子供じみた想像をする自分のような者には、到底想像のおよばない強靭な生命力が宿っているのであろう。

テントを立て終わると、八頭のカリブーがジュンジック川を渡ってこちらに向かってくるのが目に入った。春先に出会ったカリブーは食料の乏しい冬を乗り切ったばかりであった。そのため、ささくれ立った白っぽい体毛と相まって、いかにも華奢に見えたものであ

ブルーベリー入りのパンケーキをいつか作ってみたいー。
星野道夫氏の著作を読んで以来、そう思い続けている。
豆雑炊に入れたら台無しだろうなあ…。

る。それが今はどうだろう。艶のある焦げ茶色の毛をまとった体は以前よりもふたまわりも大きくなり、頭に巨大なサンゴのような角をたずさえた姿からは風格すら漂う。本当にこれが同じカリブーなのかと、我が目を疑うほどの変貌ぶりである。

この日はヒグマの母子にも遭遇した。食料テントで豆雑炊を食べ終え、川で食器を洗おうとテントから外に出たときのことだった。そこから二十メートルほど離れた川の向こう岸には灌木が群生しており、ヒグマがいたとしても見ることができない状態であった。そのまま川に近づいて、もしヒグマがいたら危険だ。そこで、拍手の要領で両手をパンパンと叩いてみた。その途端、茂みからヒグマがひょっこりと顔を出したのである。

後ろ足でまっすぐに立ち上がった巨体のかたわらには、同じ姿勢でこちらを見つめる二頭の子グマの姿もあった。手を叩いていてよかった。あのまま川へ向かっていたら鉢合わせしていたところだ。驚いたヒグマは自己防衛のためにこちらを襲っていたに違いない。

三頭は十秒ほどこちらの様子をうかがうと、火がついたように逃げだしていった。何度か立ち止まりこちらの様子をうかがいながら、ほどなく視界から消え去っていった。彼らも驚いたことだろう。まさかこんなところに人間がいるなんて。

いったいあのヒグマたちは何をしていたのだろう。起きている間は常にエサを探して歩き続けているような生き物である。だが、付近の川にはサケがいるわけではなく、川岸にはブルーベリーも見当たらない。

長靴を履いて川を渡り、その真相を探ってみた。

灌木が根をはる泥の地面には彼らの足跡がくっきりと刻まれ、その周辺には爪でひっかいた窪みがあちこちに見受けられた。どうやら彼らは灌木の根を掘っていたようだ。地中に埋まっている球根を食べようとしていたのである。

迫りくる冬に備えて脂肪を蓄えるべく、この時期のヒグマはかろうじて残されたベリーや球根をひたすら食べ続ける。もしも自分が彼らの立場ならば、決して豊かとはいえない食料事情の中、果たして無事に冬が越せるのだろうかと、押し寄せる不安に苛《さいな》まれていることであろう。

極北に生きる動物たちの姿に触れるにつけ、そのたくましさに感服の念は尽きない。それと同時に、人間がいかに非力であるかに思いが至る。自分とくれば、最新のアウトドアウェアに身を包み、高価なキャンプ道具を揃えてはいるものの、寒暖の変化に不平を言い、雨天には停滞をし、空腹には気持ちの揺らぎを抑えられない。もしも動物たちと同じように身ひとつで原野に放たれたとしたら、この地で生きていくことはできないであろう。今

この北極圏で、間違いなく自分が最も弱い生き物であるに違いない——彼らを見ていると
つくづくそう思う。

山の背に落ちゆく太陽が最後の光線を放って消え去ろうとしている。時計を見ると午後八時過ぎである。白夜の季節も終焉を迎え、星もちらほらと輝きはじめている。再び〝夜〟が戻ってきた。

頭上を見上げると見慣れた夜空ではあるものの、北の山の端は明るいままである。その白く明かりが灯ったような山の端から上空へ向かって徐々に視線を上げると、白から水色、水色から青、青から紺色、そして紺色から頭上の黒といったように、遮るものの一切ない大空を繊細なグラデーションが染め上げる様子が見てとれる。太陽が深くは沈み込まないこの時期、真夜中になってもその色調は変わらず、神秘が創造する光景が朝方まで続く。

翌朝。オオカミの遠吠えで目を覚ました。午前四時のことである。どこか遠くから、合唱を連想させる数頭の遠吠えが、静寂の隙間を流れるように響き渡ってきた。姿は見えないものの、紛れもなくオオカミである。〈ここにもいるのか〉。観光地に姿を見せる人慣れ

した個体とは違い、原野に生きるオオカミは滅多に人前に現れることはない。そんな彼らとの過去の出来事を思いだし、熱いものがこみ上げてきた。

それは二年前の秋の北極圏での出来事である。まだ夜が明けきらぬ、ある冷え込んだ朝のこと。枕元の「ガウッ」という獣の声で飛び起きた。クマだ！　ベアーフェンスにヒグマが触れたに違いない。とっさに寝袋のジッパーを開け、そばに置いていたベアースプレーを手に取った。テントの外にはヒグマがいるはずだ。しかもわずか数メートルの距離で、電流のショックを受けてうろたえているに違いないと思われた。

恐る恐るテントのジッパーを開けると、なんとそこにいたのはオオカミであった。クリーム色にところどころ黒い毛の混じった成獣。ハスキー犬のような立派な体軀をした一頭が十メートルほど離れたところから刺すような視線をこちらに向けていた。

胸が高鳴った。恐怖からではない。喜びからくる興奮だ。オオカミは人間を襲う恐ろしい生き物であると思われがちだが、それは多分に童話や映画などの影響ゆえの誤解である。現実のオオカミは警戒心が強く、かつ臆病な性質もあり、人前にはあまり姿を現さないどころか、人間を襲うこともない。それらの教訓は、アラスカに渡って間もない頃、研究者に連れられて森でオオカミを観察した際に学び、また自身のこれまでのアラスカでの経験から感じとったことでもある。

まさかこんな近距離で遭遇できるとは――。ほどなくそのオオカミは茂みの中に姿を消したが、その後もしばらく動悸が治まらなかった。

その数日後。今度はオオカミの群れに出会った。まず目に飛び込んできたのは、数百メートル離れた灌木の合間を連なって走る米粒サイズの生き物の姿であった。駆ける犬に似ていたことから、まずオオカミに違いないと思われた。彼らはこちらに気づくことなく、西から東へと一直線に移動していた。

呼び寄せたい衝動にかられた。もっと近くで見てみたいと思ったのである。両手のひらで口を筒状に包み、大きく息を吸い込んだ。

「ワオ―――――」

オオカミの遠吠えを真似たのである。だが響き渡ったその声は高音でか細く、テレビなどで見る、腹の底から絞り出される渋みの効いた本物の咆哮とは似ても似つかない貧相なものであった。ほかの人間に聞かれたわけではなかったのだが、できることならその声を口から吸い込んで消し去りたい心境であった。

気を取り直してもう一度。今後は幾分口をすぼめて低音の発声を心がけた……つもりであった。だが口から出たのは、先ほどと何ら変わらない赤面するような鳴き声であった。

しかし驚いたことに、オオカミたちはその声に反応してくれたのである。いや、驚いたのは彼らの方かもしれない。明らかに同朋のものではない、得体の知れない叫びが聞こえてきたのだから。

五十メートル先の茂みからそのオオカミたちが次々と姿を現した。全部で五頭。真っ白なオオカミもいる。皆、立ち止まったままこちらを凝視している。

これまで一度も人間を見たことがないオオカミもいるだろう。それほどにこのときのキャンプ地は遠方であり、よほどの理由がない限り訪れる人もいないような辺境であった。

もう一度遠吠えの真似をしてみたが、もう近づいてくる気配はない。彼らにとって、目の前にいる奇妙な声を出す二本足の生き物が仲間ではないことは、すでに明らかであった。それが確認できたからであろうか、彼らは再び東へと駆けだしていった。

話はさらに続く。それから約一週間が経った深夜のことである。その日は日没後から急激に気温が下がりはじめ、辺りが暗くなる頃にはテントに霜が降りはじめた。寝袋に頭まで潜り込み、暖かさからくる安心感と辺りの静けさのおかげで、熟睡していたはずであった。

だが、その声に一瞬にして深い眠りから引き戻された。オオカミの遠吠えだ。一頭だけの鳴き声ではあるものの、数十メートルしか離れていないのではと思われるほど、その咆哮は大きくはっきりと響いてきた。いっぺんに目が覚め、ほぼ反射的に寝袋から上体を起こした。

もう外は真っ暗であるから写真の撮影はできない。オオカミが遠吠えをする際の、あの天に語りかけるような姿をひと目見たいと願ったものの、暗すぎてどうやらそれは不可能である。ならばせめてもと、ヘッドランプを点けて録音機を取り出した。日本のラジオ局がアラスカを音で紹介する番組を企画してくれており、その放送用の素材を録音するために用意していたものである。

テントの中で座ったまま、右手に持った集音用マイクをオオカミの声が聞こえてくる方向に向け、左手で録音機のスイッチを押した。

「アウ〜〜〜〜〜」

哀愁を帯びた咆哮が北の原野に響き渡った。

ぞくぞくするような喜びがこみ上げてきた。

大自然の真っ只中でいま自分だけがこの遠吠えを聞いている。もしかしたらこのオオカミは、ここにテントがあって中に人間がいることには気づいていないかもしれない。人が決して入り込むことのできない自然の領域に足を踏み入れたかのような現実に、喜びと畏敬の念が胸に押し寄せてきた。テントの外には、まごうことなき自然があった。

オオカミはなおも遠吠えを繰り返している。録音しながら、ふと、語りかけてみたい気持ちになった。また遠吠えの真似をしようと思ったのである。

鼻から大きく息を吸い込み、腹から声を押し出した。

「ワオーーーーー」

高くか細い声はもうどうしようもない。静寂が三、四、五秒と続く。何の反応も返ってこない。もしかしたら驚かせてしまったのだろうか。とはいえ、一度声を上げた以上、こうなれば黙っていても仕方がない。

「ワオーーーーー」

「アウ〜〜〜〜」

応えてくれた！　鳥肌がたった。野生のオオカミが返事をしてくれたのである。どう贔屓目《ひいきめ》に聞いてもオオカミのものではないニセの遠吠えに対して、人間を避けるように生きる孤高の野生動物が声を返してくれたのである。微かな期待はあったにせよ、まさか本当に応えてくれるとは――。心のどこかで、そんなことはありはしないと思っていたのだ。

その後も繰り返しオオカミと呼応し合った。相手が何を伝えようとしているのかはもちろんわからなかったが、声の交わし合いができていたことは確かであった。相手の遠吠えに対してこちらが吠える。するとそれに対してまた相手が吠える。そうすることで、あたかも野生動物と自分との間で会話が成立しているかのような錯覚を覚えたのである。

夢のような体験であった。これをさらに鮮明に記録したい。何度か遠吠えのやりとりを録音したのち、テントの外に出てみようと考えた。いくら生地が薄いとはいえ、テントの中で録音するよりも、遮るものが何もない外の方がよりよい音が拾えるはずだ。

テントのジッパーに手をかけた。下から上に向かって勢いよく開け放った途端、緑色に輝く光が目に飛び込んできた。オーロラだ！　何とオーロラが現れていたのである。テントの中にいたためまったく気づかなかったのだ。だが、気づかずにいたというその悔しさなどよりも、とにかくそのオーロラのあまりの規模に圧倒されて、うまく思考がまわらない。その大きさ、そして光の強さの前に、頭が一瞬にして真っ白になってしまったのである。

北西の山の端から立ち昇った緑の帯がそのまま上空へと伸び、頭上を越えて南東の地平線へと続いていた。いや、帯などという控えめなものではない。天の川を幾層も重ねて着色したような、まさに光の大河が夜空にずどんと横たわっていたのである。

その尋常でない明るさは、まわりの風景を浮かび上がらせるほどに濃密であった。これが冬季であれば、光を反射しやすい雪に覆われた景色がオーロラで照らしだされることはよくある現象である。だがここにはまだ雪はない。闇で黒く染まった山肌がオーロラの光でほのかに浮かび上がるほどに、強烈な光が宙から降り注いでいたのである。

そのオーロラは、水に垂らしたインクのようにスローモーションでうねりながら刻々と姿を変えていた。宇宙からの調べが、音もなく生き物のように舞い踊っていた。そしてその背後には、あのオオカミの遠吠えが響き渡っていたのである。何度も何度も、まるでオーロラの舞いに呼応するかのように。

この話にはさらに続きがある。

翌年、まったく同じ場所に時期を同じくしてキャンプを張った。前年もそうだったのだが、撮影の目的はムースと呼ばれるヘラジカであった。前年には思わぬ幸運に恵まれてオオカミたちと遭遇できたものの、翌年に同じような出会いが期待できるほど、自然のオオカミは容易な被写体ではない。自分たちの領土を守るというオオカミの性質上、キャンプからそう遠くない場所に彼らの巣があったことは察しがつくが、同じ地域に同じ個体が年をまたいで住み続けられるほど、彼らの生息環境は安全でもなければ、安定もしていないのである。したがって、前年と同じ場所に戻ってきたのは、あくまでも、オオカミよりも見つけやすいムースをカメラにおさめるためであった。

それはキャンプを開始して二日目の午前六時のことだった。聞き慣れたあの声に起こされたのである。

テントから外を覗き見ると、まず一頭のオオカミと目が合った。真っ白な毛をまとった大柄なオオカミが、霜にびっしりと覆われたツンドラに立ち尽くしていた。とっさに、もしや前年に出会ったあの白いオオカミでは、と思ったものの、確かめる術はない。明らかなのは、あのオオカミよりも随分と大きな体をしているということである。同じ個体が成長して現れた可能性もあるが、単なる願望なのかもしれなかった。

前年の遭遇ともうひとつ異なるのはオオカミとの距離だ。テントからわずか五メートルほどの周辺を、地面の匂いを嗅ぎながらうろうろと歩きまわっている。こちらがまだテントの中に身を潜めていたことから、幾分警戒を緩めて近づいているのだと思われた。

日の出の直前だったため、写真を撮るにはまだ充分な明るさが得られない状況であった。

テント付近を歩くオオカミ。アラスカ全土には約1万頭の個体が生息し、そのほとんどは
6、7頭の群れで暮らすという。過去には30頭もの大所帯が観測されたこともある。

もとより、作品として絵になる構図を求めて動きまわろうものなら、オオカミは警戒して逃げてしまうであろう。そこで写真は諦め、テントの中からビデオカメラをまわすことにした。

ビデオカメラにマイクを装着し、両膝をついたままテントから乗り出すように上半身を突き出した。さっきよりも視界が広くなったことで気づいたのは、テントのまわりにはほかにも二頭のオオカミがいるということであった。白地に黒と茶色の毛が混じった一頭と、もう一頭は墨を塗ったように真っ黒なオオカミだった。

三頭がこちらを見ながらすぐ目の前を行ったり来たりしている。自分たちの領地に突然テントが現れたものだから、偵察に来たのであろう。決して彼らは自分を襲いにきているわけではないという安心感から、こちらも平常心でカメラをまわし続けた。

そうして二、三分を過ごしただろうか、彼らは揃ってテントに背を向け、寄り添いながら立ち去りはじめた。チャンスだ。警戒を解いた三頭は、すでに二十メートルあまり先を小走りに進んでいる。間近にいたときには驚かせてはいけないと躊躇していたのだが、もう声を出しても大丈夫だろう。それでもできるだけ驚かさないよう、前年よりも小さな声を心がけた。

「ワオーーー」

またしても遠吠えの真似をしてみたのである。大声を出さなかった効果であろうか、昨年よりはトーンをわずかに低く抑えることができた。以前と比べると我ながらかなりオオカミらしい遠吠えであった。

彼らもそう受け取ってくれたのだろうか、三頭はその場に立ち止まり、数秒の間を置いてこちらに引き返してきた。そうしてまたテントの周辺を嗅ぎ回ったあと、しばらくしてまたテントに背を向けて歩きはじめた。

もう一度語りかけてみる。すると今度は、あの白いオオカミが応えてくれた。

「アウ〜〜〜」

顎を反らして耳を下げ、うっすらと目を閉じながら、腹を震わせるような野太い声を返してくれたのである。折しも昇り始めた太陽が、遠吠えで発せられた吐息を逆光で浮かび上がらせていた。写真でとらえていたならば、間違いなく決定的作品となったであろう。だがそのときは、絶好のチャンスを逃してしまったなどとは露ほども思わなかった。そんなことよりも、目の前でオオカミが自分の呼びかけに対して返事をしてくれたことの驚きと嬉しさが、充分すぎるほど胸を満たしていた。生涯忘れることのない、オオカミと自分だけの濃厚なひとときであった。

――二年続けてオオカミと、一生に一度あるかどうかという体験に恵まれた。そうして迎えた二〇一八年の秋。同じ北極圏とはいえ、まったく別の場所でのキャンプにもかかわらず、またこうして彼らの声を聞くことができたのである。

前の年の要領で遠吠えをしてみたものの、何の反応も返ってこない。それどころか、どうやら警戒させてしまったようで、彼らの合唱もぴたりとやんでしまった。何度か唸ってはみたものの、聞こえてくるのはかすかな川のせせらぎだけであった。

それでもよかった。声を交わし合うことなどできなくとも、彼らがどこか近くで暮らしていると想像するだけで、心が温かくなる気がした。オオカミが生きていけるだけの汚れのない自然がまだこの星には残っていると感じられただけで、充分だった。

アラスカでのキャンプ生活に孤独や苦労を感じることはほとんどないが、できることなら避けたいと願うのが、長期間にわたって写真が撮れないという事態である。そして実のところ、そういう状況に陥ることはかなり頻繁にある。

動物の撮影の場合、集めた情報どおりの場所と時期を狙って撮影地に赴いたとしても、その動物が現れてくれないことの方が圧倒的に多い。

これにはいくつかの要因がある。まず、日本の四倍もの面積を誇るアラスカでは、それらの生き物たちが生息する範囲も桁外れに広大である。いくら情報を集めるとはいえ、調べたとおりの場所にピンポイントで動物がいてくれるほど自然は甘くはない。

加えて、さまざまな自然条件が動物の動向を左右するという事情もある。例えば、雪解けが進まない春にはカリブーの移動も遅くなり、さらにはその後の移動経路も影響を受ける。海水温の上昇はクジラのエサとなるオキアミやニシンを減少させ、クジラを分散させてしまう。そんな自然界のさまざまな要因が、それこそシーズンごとに、動物たちの生息場所や生息数、さらには生息する時期にまで影響をおよぼすのである。そうなると、手持ちの情報はあまり意味をなさなくなる。

さらに、情報を集めようにも、その情報自体が乏しいという背景もある。それは、自分が撮影したいと思う場所が、ほかの人が訪れない僻地であることに原因がある。誰も行ったことがないということは、情報そのものがないということなのである。

このような理由から、できる限りの情報を集めて撮影地に出かけようとも、肝心の被写体に出会えないということが頻繁に起こるのである。また、出会えたとしても、それがそのままシャッターチャンスとなるわけではない。思い描く構図が得られるまで、動き続け、また、待ち続けなければならない。兎にも角にも、相手はこちらの思いどおりにはならない自然なのである。

いったん撮影地に着いてしまえば、たとえ動物の姿がまったく見えなくとも、簡単には引き返すことができない。なぜならば、目指す撮影地のほとんどは、セスナやボートをチャーターしなければたどり着けない辺境にあるからである。思うように撮影が進まないからといって、気軽に迎えを呼ぶことはできない距離なのである。

こうして、長期間にわたって一枚の写真も撮れないどころか、カメラに触れることすらできない日々が続くことになる。

そんな事態を比較的回避できるのが静物の撮影である。花や森などの植物や、山や氷河といった風景は、動物ほどには外的要因に影響を受けない。もちろん自然条件により多少は左右されるものの、生き物のように逃げだすこともなければ、まったく姿を現さないということもない。ともすれば一枚の写真も撮影できないという季節がある中、何かしらのものは撮って帰ることができるという点において、この秋という時期は、かろうじて自分に写真家らしい仕事をさせてくれる、そんなシーズンであるともいえる。

紅葉も着実に進んでいるようである。

朝、朝食をとるために生活用テントから食料用テントへと移動するその百メートルあまりの間に、点在するヒメカンバの色づき具合を観察するのが日課となっている。前日にはまだほんのりとした赤みしか帯びていなかった葉が、わずか一日を経ただけで明らかに彩度を増しているのが手にとるようにわかる。霜が降り、気温が氷点下を下まわる朝などは、その色の変化を確かめるのが楽しみで仕方がなかったりする。逆に雨粒がテントを叩く朝などは、その一打一打が、せっかく色づいた葉を叩き落としているように感じられ、寝袋の中で歯ぎしりをするのである。

このように、原野に身を置くアラスカでの日々の中では、悩みの原因のほとんどは、自然という抗《あらが》いようのない大きな存在に由来している。一方、社会における日常で直面する問題の大部分は、我々人間にその要因があるように思えて仕方がない。人間関係はもとより、事件や事故、紛争、さらには環境問題にいたるまで、元はといえば我々自身が作りだし、それによって自らの首を絞めているのではないか——そんなふうに感じることがある。原因が何であれ、諸々の問題が我々に苦痛をもたらすことに変わりはない。だがどちらを選ぶかと問われれば、己に慎みを教えてくれるという点において、自然が与える苦難の方を選びたいと思うのである。

八月もいよいよ終わりを迎えようとしていたある晩のこと。日を追うごとに暗さを増していた夜空に、とうとうオーロラが現れた。薄い緑色をした柔らかな一条の光が、南東の空にぼんやりと浮かび上がったのである。

光の産物であるオーロラを見るためにはある程度の暗さが必要である。春に訪れた北極圏は白夜の真っ只中であったため、オーロラどころか星すらも見ることができなかった。それが今では、夜になると太陽は姿を消し、瞬く星々はもとより、ときには流れ星さえ見ることができる。

だが、相変わらず北の空は明るいままだ。午後九時をまわる頃には太陽は北西の山向こうに姿を消すものの、そのまま深く沈み込むことなく北東へと移動する。そのため、その付近の山の端は朝まで明るさを保ったまま日の出を迎えるのである。

その明るい北の方角へとオーロラが伸びようとしている。南東から頭上をまたいでほぼ一直線に、スローモーションで動く光のラインが北へと向かってゆく。その様子はあたかも、同じ明かり同士が引き合っているかのようにも見える。オーロラと太陽の光との融合を見るようである。

漆黒の夜空を背景に現れる冬のオーロラばかり見慣れた自分にとって、その光景は、まったく別の自然現象を目の当たりにしたような驚きがあった。月夜に輝くオーロラもあるが、月と太陽とでは明るさに歴然とした差がある。陽光に照らされた晩秋の夜空に光の帯が舞い踊る姿は、新鮮であり、また衝撃的でもあった。


朝晩の気温はもはや連日の氷点下である。テントを覆う早朝の霜は、いつの日からか寝袋の表面をも濡らすようになっていた。温度計を見ると氷点下五度とある。日本ならば秋を通り越して冬の気温である。

その寒気にうながされるように、キャンプからの風景も秋色に染まりはじめていた。

ここでキャンプを開始して以来、毎日のように周辺の山や谷を歩きまわっていた。紅葉の撮影にはまだ早すぎたが、来たるべきときに備えて、カメラで切り取るべき構図を確認していたのである。

ほとんどのヒメカンバの葉が深く濃く色づいている。キャンプに到着した頃のヒメカンバと比べると、別の植物に生まれ変わったかのような劇的な変化である。個体差があるためすべてが一様に紅葉しているわけではないが、もうこれをピークと呼んで間違いないであろう。そう断言できるほどに、キャンプを取り巻く風景は、今や紅葉の海と化していた。

いよいよこのときがきた。バックパックにカメラやレンズ、三脚、雨具、そして行動食を入れてキャンプを出発した。

すべてを撮り切るつもりだった。紅葉の盛りは数日間あるといえども、いつ雨や雪に台無しにされてしまうかわからない。撮影できるのは今日一日だけかもしれないのである。

あらかじめ決めておいた撮影ポイントを順にめぐる。三脚にカメラを取り付けてファインダーを覗くと、そこに映るのは思い描いていた以上の光景だった。これだという構図に燃えるような紅葉が加わり、さらに、差し込む光が風景を絶景へと演出していた。ミリ単位で構図を変えながら、しつこいほど何度もシャッターを切った。

燃え盛るツンドラの大地に腰を下ろし、澄み渡った青空を見上げる。
きりりと乾いた空気を胸いっぱいに吸い込むと、もう何もいらない。

晩秋の北極圏を空から見下ろす。カメラを担いで歩き回っていた範囲が、
極めて小さな一角に過ぎなかったことを目の当たりにする。
その事実に愕然とし、また、嬉しくも思う。

赤やオレンジに色づいたヒメカンバの合間をかき分け、ポイントからポイントへと撮影を続けた。困ったのは、移動する道すがら、どこを向いてもいい写真が撮れそうな気がしてしまうことだった。結局幾度となく立ち止まり、気のすむまで撮影をした。

ある種の興奮状態であった。紅葉とは本来、人の気持ちを鎮め、心を癒す効果をもたらすものだが、そのときの自分にはそうは感じられなかった。それは多分に、受け手である自分の問題であろう。待ち望んだ風景が目の前にある。いや、それをはるかに凌ぐ世界に自分は包まれている。年に数日間しか出会えない、しかも人間を寄せつけない、いわば幻のような絶景にひとりきりで浸っている現実に、気持ちを抑えられなかったのである。

歩を進めるにつれ、群生するヒメカンバは、かき分けて歩くのも困難になるほどその密度を増していった。原色のインクを垂らしたような葉の色づき具合は、手や服に色がついてしまうのではないかと錯覚するほどである。どこを見ても、いや、もはや誰が撮っても、いい作品が撮れるであろう――。

紅葉の海という枠を超え、今や紅葉の大海原を泳いでいる自分がいた。その先には、果ての見えない、燃え盛る原野が広がっていた。どこまでも、どこまでも、歩いていけそうな気がした。

第四章　デナリ

寝袋がない――。そう気づいたのは、パイロットのポールが氷河を飛び立ってから、すでに一時間以上が経過した頃であった。血の気が引いた。寝袋が入っているはずのバッグがどこにも見当たらない。どうしよう……。

防寒用のフェイスマスクの隙間から忍び込んだ冷気が首元にグサリと突き刺さった。洛陽が白銀の峰々に陰影を刻もうとしていた。二〇一八年の冬はこうして幕をあけた。

離陸したセスナが爆音とともに消え去ると、辺りは完璧な静寂に包まれた。かろうじて聞こえるのは、自分の動作に合わせて防寒着がカサカサと擦れる微音だけであった。

まずはテントを設営するために、雪を平らに踏み固めた。雪質はスキーヤーにとっては極上のパウダースノー。何メートルも降り積もったその雪の下には分厚い氷河が横たわっているはずである。スノーシューを履き、三畳分ほどの四角いスペースを、膝まで埋まりながら十回ほど往復した。冬のキャンプはいつもこうしてスタートする。

住居は三人用のテント。この中で寝泊まりをする数日の間に、その後の五十日間を過ごす〝家〟であるかまくらを作る計画である。

ドーム状にしならせた四本のポールにテント本体をフックで吊るし、あっという間に設営は完了。ペグの代わりとして雪中に埋めた手のひらサイズのパラシュートアンカーをロープでテントと繋ぎ、強風でもテントが飛ばされないようしっかりと固定した。ここまでは教習ビデオのように順調だった。

ここで初めてほかの荷物に目をやった。着陸した飛行機から雪上に投げ下ろされた荷物は全部で九つあるはずであった。そのすべてが、色の異なる長さ一メートル三十センチほどの筒状のダッフルバッグである。

その中に含まれているはずのバッグがひとつだけ見当たらない。唯一はち切れんばかりに膨れ上がった濃紺のものだ。どう数えても八つまでしかカウントできないのである。

行方不明のバッグの中身は寝袋が二つ。マイナス四十度仕様のダウン製とマイナス三十度仕様の化学繊維のものである。どちらも冬用の布団以上の厚みがあるため、それらがぎゅうぎゅうに詰め込まれたダッフルバッグは巨大なソーセージのように張り詰めており、外見だけで中身が判別できるようになっている。

寝袋は冬のキャンプには絶対になくてはならない。命に関わるといってもいいだろう。氷点下五十度にもなりうる真冬のデナリの氷河上では、凍死はごく現実的な脅威である。

そうでなくとも、五十日間のキャンプ生活では、充分な睡眠を通して体力を維持することがサバイバルにも直結する。化繊の寝袋をダウンの寝袋で覆い、二重にして使用することで、マグロを保存する冷凍庫並みの寒夜でも震えることなく眠りを確保することができるのである。

その肝心の寝袋がどこにもない。信じられないことだが、どうやらセスナから下ろし忘れてしまったようなのである。

衛星電話の電源を入れ、ポールに電話をかけた。もう飛行場のある村・タルキートナに戻っている頃である。

必要以上に自分を精神的に追い込みたくなかったのであろう、話す際にはできるだけ平静を装った。

「やあポール、元気かい」

「ようノリオ。どうしたんだい」

「寝袋が見当たらないんだ。セスナの中をチェックしてくれないか」

「何だって！……わかった、ちょっと待って……。どこにもないなあ」

「もう一度よく見てくれる？　ここにないということは、セスナに残っているとしか考えられないんだ」

「わかった」

と言って数十秒後、「あった」と驚き交じりの返事が返ってきた。

「よかった！　今から持って来られる？」

「うーん……もう日が暮れようとしているから難しいな。着陸するには暗すぎるんだ」

「じゃあ上空を飛んで、窓から落としてくれない？」

「そうしたいところなんだが、ノリオがいる場所は国立公園内なんだ。だから規則でエアドロップ（空中投下）はやっちゃいけないことになっているんだ」

「なんとかならない？」

「なんとかしたいのは山々なんだけど……寝袋がないと生死に関わりそうか？」

ポールがぎりぎりの決断をしようとしていることが口調から伝わってきた。もしここで「寝袋がないと凍死するかもしれない」とこたえれば、彼はルールを犯してでもエアドロップをしてくれるだろう。

冷静に考えてみた。村を発つ前に確認した天気予報によると、これから数日間、さほど気温は下がらない見込みだった。冷え込んだとしてもせいぜい氷点下三十度くらいであろう。加えて、寝袋はないが、マイナス数十度に耐えられるだけのダウンジャケットと羽毛のズボンならばここにある。それらを身につけていれば我慢できない寒さではないはずだ。少なくとも、対応さえ誤らなければ凍死することはないと判断した。

ポールには次の日に寝袋を持ってきてもらうことにして、電話を切った。

いつもの冬であれば、テントを立て終わるとすぐさまかまくら作りにとりかかる。まずは、面のサイズが座布団ほどもある特大のスコップでひたすら雪をかき、高さ三メートルほどの山を積み上げる。ここまでの工程で四日間を要する。さらに、その約三分の一の大きさのスコップで雪山の中を掘り進み、内部に二畳分ほどの部屋を作る。この作業に丸一日。つまり、かまくらを完成させるには五日間が必要なのである。

漆黒の闇の中、ヘッドランプの明かりを頼りに朝方近くまで作業をする。就寝は早朝で、起床は正午過ぎ。夕方からまた雪と格闘し、そのまま朝を迎える。こうして昼と夜とが逆転した生活が始まる。オーロラが出現する夜間に起きておくためである。

だが今回は計画を変更する必要がある。雪かきなどよりも、緊急事態に対応しなければならない。

例年どおりにかまくらを作りはじめてしまうと、朝にはぐったりと疲れ果ててしまう。

氷河への出発前、タルキートナにて撮影。セスナの前方部にはエンジンが収められており、
駐機時には常に電気毛布のようなもので温められている。

そのまま眠ることができれば問題はないが、寝袋なしでは寒すぎる。いくら羽毛の防寒着で身を包むとはいえ、眠りに落ちてしまえば低体温症を発症するのは時間の問題である。そうなれば凍死が現実味を帯びてくる。眠ることは許されない。つまり、今夜の使命は、できる限り体力を温存し、このひと晩を起きたまま過ごすことなのである。

できる限り温かい格好をしてテントの中で座って体を休めることにした。キャンプ用のクッキングストーブを点火した状態で保ち、雪を解かして湯を沸かし、飲み続け、食べ続けることで、体温を維持しようという作戦である。一酸化炭素中毒にならないよう、四つあるテントのジッパーはすべて全開にした。

思えば、冬の撮影行で忘れ物をしたのは、デナリでキャンプを始めて二十年目にして、これが初めての経験ではあるまいか。それほどまでに、これまでずっと、慎重のうえにも慎重を重ねて旅を続けてきた。

生まれて初めて雪の上でキャンプを行ったのは、アラスカ大学サウスイースト校に通う学生時代だった。

学校の所在する南東アラスカの中で、考えうる限りにおいて最も魅力的な被写体を撮影したいという衝動にかられた時期がある。そこで思いついたのが、この地域の最高峰とその上空を舞うオーロラとを一緒にカメラにおさめるという計画であった。

南東アラスカの最高峰をセント・イライアス山という。標高は五四八九メートル。アメリカとカナダとの国境をまたぐ高峰である。

冬休みの二週間を利用して計画を実行した。当時暮らしていたジュノーからヤクタットへジェット機で飛び、そこからセスナで、山の南側に広がるマラスピナ氷河へ降ろしてもらう。氷河上でキャンプをしながらオーロラを待ち、学校が再開する一月中旬にはジュノーに戻ってくる、という行程であった。

悪天候のためヤクタットの民宿で五日間ほど足止めされたのち、氷河へと入った。そしてキャンプ二日目にして、幸運にも念願のシーンを撮影することができた。

思い描いたとおりのショットだった。セント・イライアス山の南壁が半月の光でやわらかく浮かび上がり、それに覆いかぶさるように緑のオーロラが横たわる。白銀のピラミッドにかかる夜の虹――。その決定的瞬間をフィルムにおさめることができたのである。

その後は天候が崩れたため、迎えの飛行機は予定よりも一週間ほど遅れてやってきた。

撮影ができたのは、オーロラが現れたキャンプ二日目だけであった。

ジュノーに戻った頃には、春学期が再開されてすでに十日間あまりが過ぎていた。ジニーが教鞭をとる社会学の講座ではすでに大きな試験もひとつ終わっており、青ざめながら彼女のオフィスに事情を説明しにいった。

「キャンプをしながらオーロラの写真を撮っていたんだけど、天候が悪くて足止めをされてしまったんだ。授業に出席しなくてごめんなさい。試験も受けることができなかったんだけど、なんとか挽回する方法はある？」

「うーん。困ったわねえ……どこでキャンプをしていたの？」

「マラスピナ氷河の上だよ」

「氷河の上！　そこで足止めされたの!?　じゃあ仕方がないわね！」

と言って、なんと試験を免除してくれたのだった。追試どころか、授業を欠席したことに関しても、何のペナルティも課せられなかったのである。

まさか氷河から戻って来られなかったことが試験を欠席した言い訳として通用するとは……。相手がジニーだったからこその温情采配には違いないのだが、こんな出来事を通して、ますますアラスカが好きになっていった。

ともあれ、望みどおりの写真が撮れた。加えて、生まれて初めての雪上キャンプも、氷点下二十度での撮影も、案外とすんなり行うことができた。大一番を無事に終えた高揚感からか、考えるよりも先に〈もっと撮りたい〉という衝動に突き動かされていた。

セント・イライアス山は南東アラスカでは最高峰だが、アラスカ全体では第二峰である。つまり、さらに上がある。最高峰として君臨するのが、デナリであった。

狙いは決まった。デナリとオーロラとを同じフレームにおさめる――それが新たな目標となった。

ハードルは高い。州内でも南部の沿岸に位置するセント・イライアス山周辺は、内陸部にあるデナリに比べるとはるかに温暖である。冬のデナリは地球上でも類を見ないほどの極寒の地である。気温だけではない。風速、日照時間、人里からの距離、どれをとっても桁違いに厳しい環境が予想された。

だが越えられないハードルではない。星野道夫氏の『アラスカ　光と風』には、このデナリを含むアラスカ山脈で氏がオーロラを追った旅の様子が記されている。出発前の記述にはこのようにある。

《厳冬期のアラスカ山脈でキャンプすることは、一応常識外とされていた。風が強く吹

けば、体感温度はマイナス一〇〇度を越えるだろう》

星野氏はこのあと、一カ月にわたる単独行を見事に完遂した。

マラスピナ氷河でキャンプをした翌年、デナリを臨むカヒルトナ氷河の南西の支流に降り立った。地図を見ながら周辺の地形を思い描き、キャンプ地からデナリが見渡せる場所として探し当てた場所であった。

予定期間は一カ月だったが、悪天候でセスナが飛べず、一週間遅れてのスタートとなった。パイロットのポールとはこのときからの付き合いである。

装備は前年のセント・イライアス山行きと比べ、さほど変わりはなかった。氷点下四十度にも耐えられると謳《うた》ったダウンジャケットを筆頭に、ブーツや手袋など、防寒用具の効果は実証済みであったからである。新調したのは、頬から首までを覆うフェイスマスクと、特大のスコップくらいであった。このマスクとスコップは、この冬から十九年を経た現在にいたるまでデナリでのキャンプの際に愛用している。

前述したように、スコップはかまくらを作るための必須の道具である。冬のデナリでは人間を吹き飛ばしかねない強風や豪雪に見舞われる可能性が高い。探検用のテントであろうと簡単に潰されてしまうかもしれない。そこで、テントではなく、かまくらで生活する方法を思いついたのである。南東アラスカの友人で探検家でもあったケン・レッグホーンに相談をし、ノートにかまくらの作り方を書いて説明をしてもらった。つまり、ぶっつけ本番のかまくら作りであった。

実際に訪れた厳冬期のデナリでは、何もかもが想定外だった。いくつか例を挙げてみる。

氷河に到着し、バッグから荷物を取り出そうとしたときのこと。そのバッグの口を開くことができないのである。米俵大のそのバックパックは、雨の多い南東アラスカで使用していたゴム製の防水バッグだった。上部の口がすっぽり開いている形状で、封をする際には口の部分を何重にも折りたたんで密封する仕様である。ジッパーはない。この折りたたまれた部分があまりの低温で凍って固まり、広げることができないのである。

格闘の末、渾身の力でなんとか開けることはできたものの、その感触は、折り曲がった分厚い鉄板を手で伸ばすがごとくであった。常温下ではふにゃふにゃのゴムが、極めて低い温度下では金属並みに固まるとは露ほども思っていなかったのである。

クッキングストーブも不調だった。燃料缶から液体ガソリンが漏れ続けるのだ。気温が低すぎることによるゴムパッキンの損傷が原因であった。そのため、燃料缶の空気圧が低下してしまい、ストーブが本来の火力を発揮してくれない。今にも消えそうな炎をすがりつくように見つめながら、気の遠くなるような時間をかけて雪を解かし、湯を沸かした。加えて、漏れたガソリンへの引火も心配しなければならなかった。それらと比べると、低気温のためライターの火がガソリンになかなか着火しないことなど、瑣末な問題にすぎなかった。

ブーツの選択も誤った。足を包み込むインナーの素材がフェルトであったため、雪かきをして発汗したあとの汗を吸収してしまう。汗をたっぷりと吸ったインナーがじわじわと冷やされることで、ついにはつま先や足裏部分のフェルトが凍りついてしまう。つまり、足を暖めるはずのインナーが氷のブーツと化してしまうのである。寝袋に入る前に、クッキングストーブの炎にインナーをかざして汗を乾かすのが日課となった。

ちなみに、これ以降の冬は現在にいたるまで「バニーブーツ」を愛用している。アメリカ軍も採用していたブーツで、防寒と耐久性は折り紙つきである。インナーはなく、靴底には二・五センチメートルもの厚さでウールが内蔵されているため、ブーツの内部が凍ることもない。

このブーツに絶対的な信頼を置いてはいるものの、氷点下数十度の野外でオーロラを待ちながら何時間も立ち尽くす際の足指の冷えだけはどうしようもない。これを解消するため、日本から貼るタイプのカイロを大量に持ち込み、指先を包むようにして使っている。そのおかげであろうか、いまだにどの指も凍傷にかかったことはない。だがそんな知恵は、まだこの当時は持ち合わせていない。

総じて気温が低すぎた。生半可な装備ではとても太刀打ちできない。〝マイナス四十度仕様〟を標榜してはいるものの、しょせん三百ドル程度の安価な防寒着ではリアルな酷寒に対しては役に立たなかった。最低気温が氷点下二十度足らずだったセント・イライアス山とは、同じアラスカとはいえ世界が違っていた。温度計の針は、連日、氷点下四十度を指し示した。

そこまで気温が下がりうることは知識としては知るところであった。だが、それが実際にはどれほど寒く、体やキャンプ道具にどんな影響を与えるかということに関してまでは、強烈な実体験なくしては理解することができなかったのである。

寒さの原因はかまくらにもあった。生まれて初めて作ったかまくらである。見よう見まねでもなければ、試作も経てはいない。いくらエキスパートに説明をしてもらったとはいえ、最初からそのとおりに作れるほど、厳冬仕様のかまくら作りは容易ではなかった。雪山を積み、中をくり抜いて部屋にすることで、外見だけはそれらしく仕上がったものの、要である部屋の位置取りで失敗をしてしまった。

ケンのアドバイスによると、部屋は地面よりも高い位置に設置すべきということであった。そうすることで暖かい空気が室内にとどまり、外気温よりも室温を高く保つことができるという説明であった。部屋を高い位置に作る方法として、スコップで雪山の内部を掘り進む際には、足元から斜め上に向かってスコップを突き立てるよう教えられていた。

しかし実際に作業を進めてみると、斜め上に掘っていったのでは、ほどなく天井を突き破ってしまいそうになる。雪山をもっと高く積み上げておくべきだったのだが、早くかまくらを完成させて内部で安心して暮らしたいという焦りから、充分に雪山を築く前に掘削を開始してしまったのである。その結果、地面とほぼ水平に掘り進むほかなく、部屋の床にいたっては、あろうことか地面よりも幾分低くなってしまった。これでは室温は上がるどころか、外気温とまったく変わらない状態である。

毎冬の経験を経た現在では、雪山の高さはおよそ三メートル。部屋の床は地面よりも約五十センチメートル高くしてある。この構造であれば、ケンのアドバイスの意図を実感することができる。例えば、外の気温が氷点下四十度の場合、かまくら内はなんと氷点下二十度にもなる。入り口付近に置いたクッキングストーブで調理をする際の炎の影響もあるだろうが、消火して十時間が経過しても室温はほぼ保たれたままである。しかも、かまくらの入り口は密閉しておらず、つまり室内の保温に努めているわけでもない。入り口を覆うのは、テントの下に敷く製品として売られているペラペラのシート一枚きりである。

二十年前のかまくらに話を戻そう。

寒さのあまり、かまくらの中でさえも眠れない夜が続いた。持参した寝袋はひとつだけ。マイナス四十度仕様の化学繊維製である。セント・イライアス山ではこれで充分暖かく眠れたのだが、デナリではそうはいかない。この寝袋だけでは、身を削ぎ、骨まで達するような冷気から体を守ることはできなかった。

震えが止まらず、眠るどころではない。特に膝から下の冷えは我慢の域を超えており、頭まですっぽり被った寝袋の中で、エビのように丸まって体を硬直させるのが唯一の対処法であった。

かまくらの中には日本から持参した本が数冊並んでいた。静かな場所でひとりきり、長期間を過ごすことができる。ならばじっくり自分と向き合おうと、柄にもなく『正法眼蔵』などの仏教書を持ち込んでいたのである。ところが、想像を絶する寒気の前には読書どころではなく、結局一ページも読まないまま村へと持ち帰ることとなった。勇んで立てた机上の計画が現実に直面してあっけなく崩れてしまったようで、今でもその本のタイトルを見かけるたびに苦笑いを浮かべてしまう。

キャンプ中は日記をつけるのが習慣化している。今回の執筆にあたり昔のノートを見直そうとしたのだが、この冬のものだけ、どこを探しても見つけられなかった。どうやら日記を書かなかったようなのだ。そんな余裕はなかったということなのであろう。

想定を上まわったのは気温の低さばかりではなかった。雪の多さも想像を超えていた。ひとたび天候が荒れると、これでもかというほど雪が降った。途切れることなく一週間も続く降雪は、かまくらを埋めてしまう勢いであった。起きている時間の大半を雪かきをして過ごすこととなり、〈いったい自分は何をしにやってきたのか〉と自虐的に思ったりしたものである。

四国育ちゆえ、除雪をした経験などそれまで一度もない。アラスカでも町中で暮らしている限りにおいては、行政や専門業者がその役を担ってくれる。したがって雪かきの基本的な注意事項を何も知らずにいたのである。これがのちに大失敗を招く原因となる。

降雪の折には、兎にも角にもかまくらのまわりの雪を減らそうと努力をした。そうすることで、かまくらの入口やかまくら自体が埋まってしまうのを防ごうとしたのだ。かまく

かまくら用に雪を積み上げる。雪合戦の玉も作れないほどのさらさらの雪だが、
積んでしばらくすると自然に固まってくれる。

らの横に立ち、スコップですくった雪を、すくったその場で遠くへ放り投げる。これさえ繰り返していれば万全であると漠然と考え、また、その妥当性を疑うこともなかった。

何日もこの作業を続けるうちに、大変な間違いを犯していることに気がついた。かまくらの半径約三メートルの範囲だけはしっかりと除雪されている。ところが、それより離れた範囲には雪が高々と積み上げられていたのだ。それまで自分が放り投げてきた雪のせいであった。雪の壁で自分を取り囲んでしまっていたのである。気づいた時点では、その高さは二メートルほどにまで達していた。このままでは雪を放る場所がなくなってしまう……。

気がつくのが遅かった。スコップですくった雪はその場で投げるのではなく、歩いてかまくらから遠ざかってから放るべきだったのだ。よもや放る場所がなくなるほど雪が降り積もるとは思わなかったのである。その状況を上空から眺めたとすると、真っ平らな雪原に開いた丸い落とし穴に、自分のかまくらだけがすっぽりと入った状況だったのではないだろうか。

それ以降の除雪には慎重を要した。降り積もる雪をスコップですくったあとには、三メートル離れた雪壁まで歩き、勢いをつけて壁の上に放り投げた。だが、壁が高くなりすぎて雪を放り上げられなくなったら万事休すである。なんとかキャンプ期間が終了するまでもちこたえてほしかった。

この当時、衛星電話は所持していない。通信手段は携帯型の無線機のみ。トランシーバーのような手持ちの機器で、キャンプ地の上空を飛行する航空機とだけ、かろうじて交信が可能であった。むろん、ポールのいる百キロメートルも離れた村までは雑音すら届かない。衛星電話を手にいれるのは、この年から数えて五年ほど経ってからのことである。したがって、キャンプを切り上げるという選択肢はない。目の前の状況に全力で対処するのみであった。

追い討ちをかけるように悪天候が続いた。オーロラが見られるかどうかなど、もはや考える余裕もなく、出現の可能性もゼロに近かった。雪の日はもちろんのこと、雲が張りだすだけでオーロラは遮られてしまう。この自然現象は雲よりもはるか上空の出来事なのである。

ポールが迎えにくる日が一週間後に迫っていた。セスナが離着陸するための滑走路を作らなければならない。

スノーシューを履き、雪の上をひたすら歩いた。幅にして約七メートル、長さ二百メートルほどの区間の雪を踏み固め、天然の滑走路を作るのである。

踏みだした右足が膝まで深雪に飲み込まれる。絡みつく雪から今度は左足を引き抜き、一歩前へ。そして再び右足を引き抜いて前方へ踏みだす――これを延々と繰り返した。降り積もった雪は一度踏んだくらいでは固まらない。同じ箇所を何度も往復しながらの作業となった。その間にも雪は無情にも降り続く。いったいどれだけ往復すればいいのか――。横殴りの風雪に打たれるまま、無言で前進を重ねた。

何よりの想定外はオーロラであった。

セント・イライアス山では、キャンプ開始からわずか二日目にして、狙っていたとおりの明るく巨大なオーロラが現れてくれた。その翌年の旅である。デナリ上空を埋め尽くす光の乱舞を思い描いたとしても、過ぎた望みではないであろう。ましてや今回はキャンプ期間も長い。前回の倍以上となる一カ月を費やしてチャンスをものにしようとしていたのである。

にもかかわらず、オーロラは一度も現れなかった。

雲の晴れたつかの間の星夜、霧と見間違えるほど薄明なオーロラは見ることができたものの、カメラを手にする気持ちにはならなかった。

オーロラそのものは頻繁に出現していたのであろう。しかしながら、悪天候がもたらす雲や靄《もや》のせいで視界が遮られてしまい、この目で見ることは叶わなかったのである。

一カ月が経過した。予定の日を過ぎてもセスナは迎えにこなかった。当然のことであった。雪はなおも降り続いていたのだから。

寝袋で目を覚まし、そのまま手を伸ばして、かまくらの入り口を覆っているシートをめくり、外の天気をうかがうのが日課となった。

〈ああ、まだ降っている……〉

〈また今日もか……〉

〈……〉

シートの隙間からのぞく白一色の世界がうらめしかった。それでも、雪かきと滑走路作りはおろそかにできない。ブーツにスノーシューを装着し、気持ちを奮い立たせてホワイトアウトの空間へと身を投じる日々が続いた。

迎えを頼んでおいた日から遅れること十日目の午後。白地にブルーのラインが入ったポールのセスナが靄《もや》を切り裂いて颯爽と現れた。

実はこの数日前、彼は悪天候をおしてセスナで飛んできてくれていた。視界が悪く着陸はできなかったが、クッキングストーブ用のガソリンをエアドロップしてくれていたのである。燃料切れを心配してのことだ。ストーブが使えなければ、料理はおろか雪を解かして水を作ることさえもできない。待ち受けるのは命の危機である。それを危惧し、ルールを犯し自らを危険にさらしてまで燃料を届けてくれたのであった。

雪まみれのバッグをセスナに積み込み、カヒルトナ氷河をあとにした。眼下に広がる平らな雪原には、延々と伸びる一筋の直線が見てとれた。風雪の中で歩み続けた一歩一歩が真っ直ぐな滑走路となり、鮮やかな轍《わだち》を描いていた。

その帰路のこと。セスナの助手席で味わっていた感情をどう表現すればよいであろうか。意気揚々と立てた計画が、自然の猛威の前ではしょせん絵空事にすぎないと思い知らされた旅であった。想定をはるかにしのぐ低気温、降りやまぬ豪雪、機能しないキャンプ道具……厳冬のデナリの洗礼をサンドバッグのように浴び続けた。そのうえ、肝心の写真はたったの一枚も撮れなかった。目に見える成果は何ひとつあげられぬままの退散。もう二度とデナリに足を踏み入れることはないであろう――打ちひしがれ、そう思ったとしても当然の結果だった。

ところが驚いたことに、まったく逆の感情が湧き起こっていた。人生でいまだかつて知らぬほどの充足感が胸中を満たしていたのである。喜びが堰を切ったように体の芯から噴き出していた。ポールがいなければきっと大声をあげていたであろうほどに。

なぜあれほどの喜びを感じていたのだろう。

苦痛からの解放による一時的な気分の高揚であろうか。もし仮にそうならば、解放からときが経つにつれ、その歓喜は消え去っているはずである。だが実際には消えることはなかった。それどころか、あの帰路で覚えた充実という手応えは、今現在も心の奥底で淡い熱を放ち続けている。その熱は、今日まで二十年にわたり冬のデナリへと自分を駆り立てる原動力となっている。さらには、このデナリでの体験があるからこそ、これまで二十余年の間、少しも倦《う》むことなく、四季を通じて彼の地を旅し続けている——そうも思うのである。

目標だったオーロラの写真は撮ることができなかった。だが、その過程で、己のもつ気力、体力、知識のすべてを限界まで絞り出し、前を向き続けた。それはゆるぎない事実である。目に見える成果こそあげられなかったが、相手は人間の力などおよばない自然ゆえ、仕方のないこと。大事なのは、定めた目標を諦めることなく、最後まで全力を尽くしたことである。それが、あの日の充足感の理由なのであろう。

これこそが、将来を模索する学生時代の自分が夢見た生き方であり、写真家を志すことで体現できると信じた姿勢であった。そして何より、中学生だった自分が理想とした立ち姿でもあったのだ。こんな旅を、こんな生き方を、ずっと求めていた――。機窓の峰々を見送りながら、そう噛み締めていた。

翌シーズンからの十年間ほどは、ひと冬に二回のキャンプが恒例となった。一回目のキャンプで二十日間を氷河上で過ごし、タルキートナでの休息を経て、今度は別の氷河で四十日間を過ごすといった具合である。

なぜひとシーズンに二回に分けて、しかも合計六十日間もキャンプをしていたのかというと、ひとえに、オーロラ撮影のチャンスを増やすためである。さすがに一度に六十日間のキャンプは苦行だが、二回に分ければできない旅ではない。一カ月間のキャンプではまったくオーロラが見られない可能性もあることは経験済みである。それを二カ月間に増やすことで、何かしらのものは撮れるであろうと考えたのである。所帯をもった現在では、家族と過ごす時間も確保したいという思いから、五十日間のキャンプをひと冬に一度だけ

深夜。月光を頼りに滑走路を作る。幾日もかけて完成させた苦心の作も、
きまぐれな大雪に見舞われると一夜にして幻となる。

行っている。

これほど長期にわたり、文明から隔絶された環境で過ごすと、村に戻ったときに奇妙な感覚に襲われる。目に入るものすべてに違和感を感じるのである。〈うわあ、車が走っている〉とか、〈おお、家が建っている〉など、文明生活ではごく当たり前の風景が、とても奇異に感じられるのである。村のピザ屋の店内にお客が四人もいようものなら、〈わあ、人間がたくさんいる！〉と圧倒されてしまう。誰も共感してくれない、なんとも不思議な感覚である。

人口わずか八百人足らずのタルキートナでさえこのような状態になるのだから、これがもし大都市だったらさぞかしパニックに陥るであろう。その点では、社会に復帰するための〝リハビリ〟をこの小村で済ますことができるというのは好都合なのかもしれない。

デナリの周辺には大小数々の氷河が入り乱れており、撮影地を選ぶには、一見、無数の選択肢があるように思える。だが、実際にキャンプができる氷河は数えるほどしか存在しない。

まず、セスナで着陸できるか否かによって、大部分の氷河が候補から振るい落とされる。離着陸には二百メートルほどの平らな雪原が必要なのだが、それが確保できる氷河はどこにでも存在するわけではない。自然界では、山にへばりついていたり凸凹と隆起している氷河がほとんどである。表面は滑らかに見えても、よくよく観察すると氷河のクレバス（割れ目）が隠れていたりすることもある。

二つ目の条件は眺望である。キャンプを行う氷河はまわりを山々に囲まれているため、場所によってはデナリが見えないことがある。デナリの上空を染め上げるオーロラを撮影するという目標を掲げてスタートした旅である。キャンプ地からデナリが臨めるというのは欠かせない条件なのである。

最後に重要となるのがデナリとの位置関係である。デナリ山麓では、オーロラはほぼ北の方角に現れる。そのため、オーロラとデナリとを同じ方向に捉えようとするならば、デナリの南側でキャンプをする必要があるのだ。

着陸の可否、眺望、デナリの南側という条件をすべて満たす氷河は、アラスカ山脈の中で実はたったの三つしか存在しない。カヒルトナ、トコシトナ、そしてルース氷河である。この二十年間というもの、これらの氷河を順に訪れながら撮影を重ねてきたのだが、残念ながら今ではその氷河の数も減少している。

その三氷河のひとつが、カヒルトナ氷河の南西支流である。二十年前に最初の冬を過ごした思い出深い氷河であるが、現在は着陸することができない。最後に訪れてからもう十年以上になるだろうか。

夏季の日差しが氷河を解かしてしまい、以前は滑らかだった雪原が、今ではクレバスだらけとなっている。どんな腕利きのパイロットでも、もはや着陸は不可能である。ポールによると、数百年に一度の大雪でも降ればクレバスが埋まって平らな雪原がよみがえる可能性もなくはないが、おそらくもう二度とあの氷河に降り立つことはできない、ということである。

アラスカ山脈広しといえども、デナリをその麓から頂上まで一望できる氷河は、この支流をおいてほかには存在しなかった。いわば地球上で唯一無二の場所だったのである。上空からその惨状をうかがうことしかできない現状が、残念でならない。

二〇一八年冬の目的地は、二つ目の氷河であるトコシトナ氷河だった。特殊な形状をしており、離着陸には相当の技術を要する場所である。

着陸時にはセスナで氷河を駆け登らなくてはならない。登り切る手前の絶妙の位置で右前方の谷へと舵を切りつつ、同時に、平らな場所を探し当て、そこで停止をし、荷物を下ろす。離陸の際にはその谷底へ向けて勢いよく下りながら、谷へ落ちてしまう前に空中へと飛び立つのである。

二〇一八年一月。ポールとともにセスナで着陸を試みた。氷河の坂を勢いよく登るところまではいつもどおりだったのだが、停止をするための平地がどこにも見当たらない。傾いた不安定な雪面しかないため、エンジンを緩めてスローダウンすると機体が滑り落ちそうになる。あわててエンジンをふかし、谷をめがけて離陸をするといった有様である。どうにかして着陸しようと何度か同じことを試したが、結局セスナを停止できるポイントが見つからず、泣く泣くこの氷河をあとにした。

氷河の形状に変化をもたらした正確な原因は不明である。そもそも氷河は、その性質上、ごくゆっくりとではあるが常に動き続けているということもあり、単にその蓄積が目に見える変化として現れただけなのかもしれない。

しかしながら、カヒルトナ氷河同様、近年の夏の高気温の影響は否めない。気温の上昇は今や夏に限ったことではなく、アラスカの町や村では真冬に雨が路面を濡らすことも珍しくなくなっている。タルキートナも例外ではなく、降雨のあとに飛行場がスケートリンクのようにつるつるに凍ってしまうことがある。滑って転びでもすれば骨折しかねない。

「ここは氷河の上よりも危険な場所だね」というブラックなジョークがまかり通るように

なった。

トコシトナ氷河の変化を目の当たりにしたポールの口からは「トコシトナも終わったかなあ……」というため息のような言葉が漏れた。

アラスカの自然は永遠に存在し続けると漠然と思っていた。それが甘い妄想にすぎなかったことを突きつけられたようで、しばしの間ぼう然としていた。

三つ目の氷河・ルース氷河は、またの名を円形劇場という。切り立った山々に周囲を囲まれたこの氷河のキャンプ地からは、ときに、デナリの山頂から溢れるように立ち昇るオーロラを眺めることができる。

デナリの眺望を有する最後の砦ともいうべき着陸可能な氷河。しかしながら、二〇一八年にトコシトナ氷河への着陸を断念したあとに向かったのは、このルース氷河ではない。望めば行くことは可能だったのだが、どうにもその気にならなかったのである。理由は、キャンプ地からほど近い崖の上にロッジができてしまったからである。

そこには以前から小さな山小屋があった。一九六六年に建てられた六角形の趣深い小屋で、これまで数多くの自然愛好家に親しまれてきた。数人が雑魚寝で泊まれるだけの簡素なものではあったが、だからこそ、心を鎮め、自然を愛でるには、これを上まわる贅沢な空間はなかった。デナリが国立公園となる以前の建造物であり、アラスカ山脈に存在する唯一の山小屋であった。

この隣に高級ロッジがオープンした。二〇一八年のことである。十人の客を収容する二階建ての洒落た建物内は、高級リゾートホテルにひけをとらない豪華な仕様である。隣接するヘリポートに降り立った客はスニーカーを汚すことなくロッジに出入りすることができる。室内には発電機による明かりが煌々と灯り、メイドがもてなし、シェフが腕をふるうという。二千ドルを超えるその宿泊料金もあいまって、大自然に突如として現れたアラスカで最もハイクラスなホテルといってよいであろう。

ここにも、変わりゆく風景があった。

それぞれの氷河への着陸が困難になって以降、キャンプ地を選ぶうえでの〝デナリの眺望〟という条件は排除せざるを得なくなった。デナリありきでスタートした旅ではあるものの、自然には抗《あらが》えないのが現実である。ここ数年は、デナリの麓の氷河上という地理的条件はそのままに、以前とは違った景色の中でオーロラを撮り続けている。

撮影行の基本的な部分は昔も今もさほど変わりはない。

旅はタルキートナから始まる。この小さなコミュニティは、デナリへ向かう登山者や観光客のメッカとなっており、登山シーズンの始まる五月から、観光客が南へと去る九月頃までは、人口をはるかに上まわる人々でごったがえす。それが冬のおとずれとともに一変し、人影もまばらな集落へと戻っていく。

最初の冬の旅をサポートしてくれたポールは、今でもずっと自分のパイロットであり続けてくれている。

彼を知る登山者の間で通じる「Paulable」という言葉がある。彼の名前である「Paul」と〝〇〇できる〟という意味合いをもつ「able」とを組み合わせた造語である。こんなふうに使う。

「雲が多いからほかのパイロットは離陸を躊躇するだろうけど、ポールなら飛べるはずだよ。これはPaulableな天気だね」

「この氷河はPaulableだな。普通のパイロットには着陸できない氷河だけど、ポールなら問題ないよ」

実際ポールは、ほかのパイロットたちが敬遠する氷河に最初に降り立ち、セスナでの着陸が可能であると知らしめる飛行を数多くこなしてきた。

　彼はそんな氷河に家族や友人たちを連れていき、スキーを楽しむことがよくある。雪山が要塞のようにそびえ立つアラスカ山脈の懐で、人跡未踏の山肌をスキーで縦横無尽に滑走する――。なんと豪快な遊びであろうか。

　しかしながら、一大イベントであるはずの一行の出発風景からは、緊張はもちろんのこと、テンションの高まりもあまり感じられない。まるで散歩にでも出かけるようなごく平常の雰囲気なのである。雄大なデナリの麓で暮らす彼らにとっては、そんな冒険めいたレジャーも、きっと日常を半歩離れる程度のものなのかもしれない。

　冬の装備はほぼすべて、ポールが所有する倉庫に保管してもらっている。アンカレッジからタルキートナに到着すると、まずは倉庫からこの百キログラムを優に超える荷物を取り出し、ポールの事務所である二階建てのログハウスへと運ぶ。事務所には、日本を離れる前にインターネットで注文した食料やキャンプ道具が山となって配達されており、二階を部屋として使わせてもらいながら、二日間ほどをかけて荷造りをする。

　氷河へ着陸する飛行機には、タイヤの下にスキーが装着されている。タイヤよりも幅にして二倍ほど、長さは三倍もある特大サイズのスキー板である。氷河の上は何メートルもの雪が常に覆っており、この雪の上をスキーで滑りながら着陸するのである。

大量の降雪後の着陸は要注意である。氷河の上に着陸したはいいが、あまりに深い新雪にスキーが埋まってしまうことがあるからである。タルキートナとデナリとは距離が離れすぎているため、デナリ周辺の氷河上でいったいどれほどの降雪量があるのか、村からは把握できない。そのため、着陸してみて初めて雪の深さを知ることとなる。結果、新雪に深々と埋まってしまったスキーを前に、頭を抱えることになるのである。

そんなトラブルに見舞われたことは二度や三度ではない。スキーが雪に埋没したとわかると、ポールも自分も慣れたもの、あうんの呼吸で行動を開始する。

スコップでスキーのまわりの雪を取り除くのはポールの仕事だ。ひたすら雪をかき、雪中深くに沈み込んだスキーを救出するのである。

こちらの役目は滑走路作りである。いくらスキーのまわりが除雪できたとしても、飛行機が飛び立つ際に助走をつける雪原、つまり進行方向の雪が深ければ、飛行機は離陸に必要なスピードを確保できない。それだけでなく、ふたたび雪に埋まってしまう可能性もある。飛行機がスムーズに飛び立てるよう、スノーシューを履いて雪を踏み固める必要があるのである。

デナリを空撮する最中、隣で操縦桿を握るポールを片手でパチリ。急激に高度を上げるため、
酸素マスクは必須だ。そんな自分も、左手で酸素を吸入しながらカメラを握る。

氷点下数十度であるにもかかわらず、二人とも汗だくになる。辺りが暗くなる前、つまり午後四時前後の日没前には飛び立たなければならない。加えて、あまり氷河上に長くとどまりすぎると、低温によりセスナのエンジンが故障してしまうかもしれない。雪に埋もれたスキーを救出するのは時間と闘いながらの作業なのである。

タルキートナが大雪に見舞われた場合には、デナリでもかなりの積雪があることが事前に予想できる。つまり、着陸の際にスキーが雪に埋まる可能性が高い。このケースでは、いくつかの手順を踏んだのちに入山することとなる。

まず黒いゴミ袋を複数枚用意する。その中に拳大の雪玉をひとつずつ入れて縛り、胴体の長いてるてる坊主を作る。これを持ってセスナに乗り込み、ポールとともにデナリへと飛び立つ。

着陸したい氷河の上空にさしかかる。百メートルほどの高度を保ちながら、助手席側の窓を開ける。そして、先ほどのてるてる坊主を続けざまに外へと投げ落とす。そうすることで、眼下に広がる雪原にごく小さい黒い目印が点々と刻まれる。それをめがけて着陸するというわけである。

新雪に覆われた氷河は、どこまでも均等に白く、見事に真っ平らである。上空からどれほど凝視しようとも、どこまで高度を下げれば着陸できるのかが正確には把握できないのだ。うっかりと高度を下げすぎると、セスナは雪面に叩きつけられてしまう。黒いてるてる坊主で着陸前に新雪上に印をつけることで、着陸面の高度を把握し、この危険を回避しようというわけである。

目印を頼りに高度を下げ、雪面に近づく。着陸し、通常であればほどなくエンジンを切って氷河上で停止するところであるが、この場合は停止もスローダウンもしない。着陸した勢いのまま数百メートル前方へと滑走し、そのまま離陸する。そして再度同じ場所へと着陸し、スキーで新雪を押さえつけながら前へと進んだのちに、再び飛び立つ。タッチアンドゴーと呼ばれるこの作業を何度か繰り返すことで、雪原の表面をスキーで押し固め、離着陸のための滑走路を作るのである。

腰まで埋まるほどの大量の新雪は、いくらこうしてタッチアンドゴーを繰り返すとはいえ、すぐには固まらない。滑走路を作ったあとは一旦タルキートナへと戻り、一晩待つ。そして翌日になってようやく、前日に作った滑走路へ着陸できるのである。

こうしたプロセスを経て氷河にたどり着き、いよいよここから長いキャンプ生活が始まる。

強風にさらされる場所でキャンプをする際には、テントを設営したあとに、雪のブロックでそのまわりを取り囲む必要がある。専用のノコギリで、ひとかかえもある雪の長方体を切り出し、三段ほどの高さにまで積み上げ、風を止めるための壁を作る。そうすることで、テントを潰しかねない強風を遮るのである。

一度、この壁作りを怠り、設営したテントを放置しておいたことがある。かまくらが完成したあとにはテントは撤収するものだが、どうしたことか怠けてしまい、雪上に置き去りにしていたのである。

そんなある晩のこと、キャンプ地が猛烈な南風に襲われた。夜通し続いたその風がおさまった翌朝、恐る恐るテントを見てみると、ちょっとやそっとでは曲がることのないポールが真っ二つに折れ、テントを突き破って天を指していた。もしもかまくらが完成する前にこの強風に見舞われていたらと考えると、ぞっとしたものである。

かまくらの作り方については前述したとおりである。高さが三メートルもある住居は思いのほか頑丈で、五十日間におよぶキャンプ生活の間にも壊れることはない。だが、冬のデナリでキャンプをするようになってから最初の数年は、もっと小さなかまくらで暮らしていた。それがある年を境に大きさを変えるようになった。

カヒルトナ氷河の南西支流でのキャンプを予定していた二〇〇七年の冬のこと。あいにくの強風のため着陸を断念せざるを得ず、急遽、カヒルトナ氷河の本流へと目的地を変更した。支流よりもデナリに近く、景色としては申し分ない。南北に伸びる地形に沿って強風が勢いよく通り抜けるため、それまでキャンプ地としては敬遠していたのだが、なんとかなるだろうとあまり深くは考えず、着陸をしたのである。

当時のかまくらは高さにして二メートルくらいであろうか。制作日数も、現在の五日間に比べ三日間あまりであった。かまくら作りは骨の折れる作業であるため、〈さっさと片づけてしまいたい〉という気持ちが透けていたように思う。

小さなかまくらは壁も薄い。その冬のそれは五十センチメートルほどであろう。近年のかまくらは、外寸自体を大幅にアップすることで、壁の厚みを一メートルあまりも確保している。

強風が吹きはじめたのは、キャンプ開始から二十日間が過ぎた頃だった。風に乗った雪が地を這う白い煙と化し、辺りは高速で流れる純白の大河といった様相である。最初の頃は余裕もありビデオをまわしていたのだが、体ごと吹き飛ばされそうになった瞬間を境に、かまくらへと逃げ込んだ。

かまくらの中は通常、不思議なほどに静かである。セスナがエンジンの爆音を轟かせながら付近に着陸しても気づかないことさえある。しかし、この日は様子が違っていた。荒れ狂う暴風の「ゴー」という唸り声が、かまくらの中にまで響いてくる。風速のせいばかりとは思えなかった。室内の壁に耳を近づけると、すぐそこから風の音が聞こえてきた。壁が薄いのだ。しかも、次第に薄くなってきている感じがする。吹きやまぬ強風が、かまくらの壁を外側から削っていたのである。

壁に穴が空いたらおしまいだ。豆粒ほどの隙間からでも粉雪は滝のように室内に吹き込んでくる。かまくらの中がその粉雪でいっぱいになるまでにさほど時間はかからない。そうなればもう逃げ場はない。外へ避難しようにも、ブリザードにさらされた氷河の上では、安全な場所などどこにもあるとは思えなかった。

室内にとどまり、対策を考えた。風は幸いにも北の方角からしか吹いていないようである。北側の壁だけを補強できればなんとかなるかもしれない。スコップでかまくらの床の雪を掘り起こし、それをそのまま北側の内壁に積み上げた。

あとは祈るのみである。〈やんでくれ〉と何度もつぶやきながら長い夜を過ごした。

翌日には風は嘘のようにおさまっていた。かまくらの入り口は雪ですっかり埋まっており、内側からスコップで掘り進んで、地下から這い上がるようにして外へ出た。

このカヒルトナ氷河の本流は、デナリの眺望と、着陸可能であるという条件とを兼ね揃えた絶好のキャンプ地ではあるものの、この旅以降、キャンプ地リストからは除外している。

こんな経緯もあり、これ以降のキャンプの際には、台風並みの強風にも耐えられる巨大なかまくらを作るようになったというわけである。しかしながら、強風と豪雪とに同時に見舞われた年もあり、その折には、風が運んでくる大量の雪になんとかまくら全体がすっぽりと埋まってしまった。なんとか外へ脱出はしたものの、次の低気圧の接近までに除雪を完了させる気力はもはや残されておらず、ポールに迎えを頼んでシーズンを終えたという苦い経験もある。

冬のデナリでのキャンプは厳しい撮影行であることは否めないが、実際には平穏に過ごしている時間の方が多いのも事実である。そうでなければ、命がいくつあっても足りないであろう。

食事の中身については第一章で触れたとおりである。ごく質素なメニューが毎日続くわけだが、かといって辟易しているわけではない。実はその逆で、同じものを食べ続けるにせよ、食事の時間が近づくにつれ、わずかながらにウキウキとする。まるで娯楽を待ち望むかのような心持ちである。極限まで冷え切った体にとっては、何かしら暖かいものを体内に入れられるというだけで、身と心を癒す恵みとして感じられるのであろう。

贅沢品をまったく口にしないわけではない。時折の〝差し入れ〟もある。

ポールや彼の下で働くほかのパイロットがキャンプをふらっと訪ねてくれることが稀にある。スキーをしにくる場合もあれば、ただ単に付近を飛んでいて様子をうかがうために立ち寄るだけのこともある。

そんな折、お土産として手作りのパンやお菓子をプレゼントしてくれることがある。あるときなど、村のピザ屋で購入した直径四十センチメートルはあろうかというピザを丸ごと差し入れてくれた。しかも冷めないよう、ピザを石のプレートで上下から挟み込み、全体をバスタオルでグルグル巻きにしてあった。その心遣いもさることながら、まだほかほかと湯気を発する香ばしい匂いの前に、雪上にひれ伏したいほど感激したことを憶えている。「冷めないうちに」という都合のいい言い訳を盾に貪り食べたのは、懐かしい思い出である。

乏しい食料事情であるにもかかわらず、その限られた食材を横盗りしようとする者もいる。カラスである。真冬のアラスカ山脈になんとカラスが飛来するのだ。初めて見たときにはさすがに目を疑ったものである。氷点下数十度でカラスが生きているという事実にも驚愕したが、よりによってアラスカ山脈の深淵である。雪と氷と岩しか存在しない不毛の地に、どうしてお前はやってきたのか――。驚きを通り越して憐れみすら覚える心持ちであった。

しかし、そんな感情はすぐさま消え去ることとなった。食料が荒らされていたのである。予備のキャンプ道具やすぐには食べない食料は、ダッフルバッグに入れてかまくらの外に放置してある。かまくらの中に入れてしまうと、狭すぎて身動きがとれなくなるからである。

それが仇となってしまった。なんとダッフルバッグのジッパーが開けられ、中に入れておいたコメや豆が雪の上に散乱していたのだ。驚くべきことに、その忌々しいカラスはくちばしで器用にジッパーを開け放っていたのである。食料だけではない。衣類を入れておいたビニール袋や薬の箱までもが弄《もてあそ》ばれたらしく、それらが細切れのゴミとなって我がキャンプ地を汚していたのである。

すでに大空高く飛び去ろうとしていた黒い鳥を見送りながら、どうにも腹の虫がおさまらなかった。

ダッフルバッグを上向きに置いておいたのがいけなかった。ジッパーにくちばしが届かないようバッグを逆さにしておけば、いくら知恵がはたらくカラスとはいえ、ひっくり返すだけの力はあるまい。そう考え、すべてのダッフルバッグをジッパーを下にして置き直した。

その翌日のこと。かまくらの後ろ側を偵察に行くと、どうやらゴミが撒き散らされている様子はない。してやったりと思いつつ、あるダッフルバッグに視線を移したところで仰天した。そのバッグからきゅうりほどの大きさの棒が突き出ているのだ。近づいてみるとなんとランチ用に持ってきていたプロテインバーであった。カラスはくちばしでバッグに小さな穴を空け、そのバーだけを抜き取ろうとしたのである。しかし穴のサイズがわずかに足りなかったようで、バーは途中で引っかかってしまった。懸命に引っ張り出そうとするもとうとう抜き出すことができず、あきらめたのだろうと推測できた。よほど癪に障ったのだろう、そのバッグの上にはカラスの糞がべったりと残されていた。

これ以降、外に置いたダッフルバッグはすべてブルーシートで覆うようにしている。そのシートにまで穴を空けられたら、次はいったいどうすればよいのだろうか……。

冬季のトイレ事情はいささか特殊である。春から秋にかけての撮影行のように穴を掘って埋めるわけにはいかない。土であれば排泄物を分解してくれるが、雪にはそのような浄化作用はないからである。雪中に固形の排泄物を埋めてしまうと、おそらく半永久的にそのままの状態で残ってしまうだろう。もちろんカラスのように、雪にも埋めずに気の向くまま、というわけにもいかない。誰も訪れることのない氷河とはいえ、愛着のある土地を汚したくはない。そこで、自らが排出した固形物は、そのすべてを持ち帰るようにしている。

トイレ専用の蓋つきバケツなるものがある。名称は「CMC」。Clean Mountain Can の略である。タルキートナにある国立公園局で借りることができる。直径二十三センチメートル、高さ三十センチメートルのこのバケツは、夏季のデナリ登山用のトイレとして開発された。登山者はこれを携帯しての行程が義務づけられており、おかげで、毎シーズン千人を超える登山客が訪れる人気の山であるにもかかわらず、デナリに関する衛生面での問題を耳にすることはない。

五十日間のキャンプで使用するCMCの数は六個あまり。内側にビニール袋をかぶせ、上に座って用を足す。吹雪の際にもかまくらの中で使えるので、とても重宝している。加えて、中身はすべてカチコチに凍ってしまうため、匂いも気にならない。

キャンプが終わると、重みを増したCMCをタルキートナへと持ち帰り、国立公園局へ中身ごと返却する。業者によってきれいに消毒を施されたCMCは、夏の登山シーズンに備えて保管されるというわけである。

氷河上での生活サイクルを書き出すと、およそこんな具合である。

- 正午頃　起床
- 13時〜14時　朝食
- 14時〜19時　雪かきおよびかまくらのメンテナンス
- 19時〜20時　昼食
- 20時〜1時　オーロラを待つ
- 1時〜1時30分　日本に電話
- 1時30分〜2時　夕食
- 2時〜5時　オーロラを待つ

・5時　就寝

このスケジュールに固執しているわけではなく、時間はあくまで目安程度である。目覚し時計は使わない。目覚めたときが起床時間となるが、不思議と毎日同じ時間帯に目が覚める。天候不良の日には、オーロラを待つかわりに、雪かきや読書をして過ごす。

ひとりきりでの生活ゆえ、さぞかし独り言を発しているように思われがちだが、実際には電話以外で口を開くことはほとんどない。言葉として言い表すほどのことを考えていないからなのかもしれない。

どんなことを考えて過ごしているのかという質問を受けることがあるが、いつも答えに窮してしまう。簡潔な説明が難しいことに加え、少々気恥ずかしいからである。

大部分の時間はどうでもよいことに思いをめぐらせている。例えばこんな具合である。

〈今日の目標。①かまくらのまわりの雪かきをする。②その雪をかまくらの上にできるだけ積み上げる。③かまくらの上に乗ってその雪を踏んで固める〉

〈夕食の豆ご飯にはカレーとシチューのルーを一緒に入れてみよう！　どんな味がするのだろう〉

〈一年前と比べて、少し体が硬くなったか？　そういえば白髪も増えてきたしなあ……〉

こんなくだらない内容を説明するだけでも気後れしてしまうのだから、この先についてはなるべく省略しているのだが、この際なので記してみる。

キャンプで過ごすひとりきりの時間は、自分を見つめ直す貴重な機会でもある。「大切なものは失ってから初めてそのありがたみに気づく」とよく言われるが、氷河の上ではこれを疑似体験しているのではないかと思うことがある。氷河でのキャンプはまさしく、家族や友人たちとの離別や、社会からの隔絶が否が応でもともなう旅である。一時的にせよ、これらすべてを失う環境に身を置くことで、自分がいかに多くの人たちに支えられているのかという当たり前の事実に、あらためて気づかされる。アラスカでのキャンプ中は、時間に終われる日常を離れ、立ち止まって自分を見つめ直すことができる。だからといって、自分がよい人間へと変化しているわけではないのであろうが、もしかしたら、このおかげで、道を逸れることなく生きられているのかもしれない。そう思うのである。

カメラの防寒方法についてもよく尋ねられる。対策はいたって簡単で、カメラもレンズも防寒することはない。低温にさらされる電池は消耗こそ急激であるが、氷点下四十度で

近年のかまくら内の様子。天井は、膝立ちをして頭が触れない程度の高さ。
壁際に見えるのは、保温素材を巻いた魔法瓶、小型スピーカー、マグカップ、温度計、本箱など。

あっても機材が壊れたことはこれまで一度もない。その電池の消耗も、悪天候続きでカメラを使う機会自体にあまり恵まれないため、さほど大きな問題とはならない。例えば、〈デナリの上空を舞うオーロラ〉という決定的瞬間に遭遇した回数は、この二十年間で三ないし四晩しかない。

ひとことでオーロラといえども、実に多様な現象である。

最も特徴的なのは色であろう。頻繁に見られる緑色をはじめ、黄、紫、ピンク、青っぽい白、薔薇を連想させる濃厚な赤色まで。さらには、星空をキャンバスにそれぞれの色が微妙に混ざり合いながら濃淡を刻々と変化させるなど、言葉での表現が追いつかない色彩も多々ある。

スケールもさまざまである。北の山の端だけを這うように流れる帯もあれば、全天を覆う光の乱舞もある。動く速さも多様で、何十分もじっとしていたオーロラが、霧が漂うようにごくゆっくりと動きはじめ、次第にスピードを増したかと思うと、最後には恐怖を感じさせるほどの速さで夜空を縦横無尽に駆けめぐる場合もある。

これまでの経験からすると、オーロラは真夜中前後の数時間にもっとも現れやすいようだ。数十分で消えてしまうときもあれば、数時間にわたり出続けていることもある。午後八時頃に現れたオーロラが、翌朝六時を過ぎても消えなかったこともある。このときは、寒空の下で長時間立ったまま撮影を続けていたこちらのほうがねをあげてしまい、先に床へと就いてしまったほどである。

新月の夜の星空はこの世のものとは思えない壮麗さを湛《たた》えている。世界中のダイヤモンドを散りばめたような天の川。そこかしこで光のラインを描く流れ星。ときには、線香花火の最後の玉のように〝ぽとっ〟と落ちる、思わず声をあげてしまうほど明るい流星にもお目にかかることがある。宇宙を舞台に繰り広げられる圧巻の天体ショーに、ぞくぞくするような喜びを覚えるのである。

つい数時間前までは自分の手のひらさえも判別できないほどの暗闇だったそんな世界が、見渡す限りの空を埋め尽くすオーロラの光で煌々と照らし出されることがある。意思を持った生き物のように舞い踊るそんなオーロラを仰ぎ見ながら、〝魂が揺さぶられる〟という言葉の意味をふと感じることがある。そんな空間に佇《たたず》みながら、その瞬間に居合わせることができた幸せを噛みしめるのである。

オーロラの撮影が目的とはいうものの、それがすべてではないような気がしている。ましてや、デナリの眺望という目標を失った今となっては、アラスカ山脈でキャンプを続ける意味が、ほかの人には伝わりづらいかもしれない。

写真という結果に重きを置くのであれば、何も人影のない僻地で、ときに「冒険写真家」と評されるような旅をする必要はない。アラスカといえども観光客の集う近場に絶好の撮影ポイントはたくさんあり、現に多くの写真家の撮影地ともなっている。

単独行である必要もない。仲間と行動することで、情報や安全を共有し、危険や孤独はもとより、経費までも削減することができる。成果や効率という尺度で計るならば、自分のような撮影スタイルは決して勧められるものではない。

だが、〈何を撮ったか〉ではなく〈どう撮ったのか〉を大切にしたいという思いがある。人の生涯において〈何を成し遂げたか〉よりも〈どう生きたのか〉に本質が宿ると信じるからである。つまるところそれは、〈自分はどう生きるのか〉という根源的な問いにまで関わってくる。初めてアラスカを訪れた夜にフェアバンクスで遭遇したオーロラに感動を覚えなかったのは、思い入れと過程の欠如にも由来があったのだと、今となればわかるのである。

オーロラを撮るのであれば、もっと撮りやすい場所はほかにある。氷河の上まで行く必要もなければ、かまくらで生活する必要もない。電気もガスもある町や村で暮らしながら、オーロラの出現に合わせてカメラを持って野外へ出かければいい。アラスカでは町中でも充分にオーロラを見ることができるからである。

デナリを含むアラスカ山脈上空でオーロラが頻発するわけではない。山の天候は不安定であるのが相場だが、冬のデナリはその代名詞ともなりうるほどである。キャンプ地の天候も不良であることが多く、したがって、出ているはずのオーロラも見ることができない夜が続く。

冬期にオーロラが現れやすいわけでもない。実はオーロラの出現は春と秋にピークを迎えるのだ。

オーロラを撮る旅であるにもかかわらず、その肝心のオーロラが現れにくい場所と時期とをあえて選ぶ理由はどこにあるのか。それは、たとえ達成が困難であろうとも、心惹かれる目標へ向けて最善を尽くすことこそが、一度きりの人生を悔いなく生きることにつながると信じるからである。春の北極圏でカリブーをひたすら待つのも、夏に小さなゴムボートを操りながらクジラを撮るのも、秋に最果ての辺境へ向かうのも、すべての理由はそこにある。掲げた理想を見据えて生きるということは、結果の成否にかかわらず、その行為自体が無上の幸せをもたらしてくれるものなのである。

いくら過程で最善を尽くそうとも、それが他人に伝わるわけではない。そのうえ、どんなに努力をしても、結果につながらないこともある。冬のデナリでの撮影行は、まさにその繰り返しである。毎冬のキャンプでオーロラが撮影できた日数を平均すると、おそらく五日間に満たないであろう。

氷点下四十度の氷河上で長旅の末に撮影したオーロラよりも、観光客がホテルの窓からスマートフォンで写したオーロラの方が見栄えがよいことだってある。評価されるのは過程ではなく結果であることは、世間の常識といってもよいであろう。

だがこうも思うのである。本当に大切なのは、まわりから与えられる評価ではなく、自分が自分に下す評価ではないかと。お前は本当に精一杯生きたのか――。いつかカメラを置くその日を迎えたとき、この問いに胸を張ってこたえたい。

寝袋を忘れた二〇一八年のあの晩、気温は幸いにも氷点下二十度までしか下がらず、かろうじて眠りに落ちることなく朝を迎えることができた。凍傷や低体温症を患うこともなく、無事にキャンプを続けられたのである。

翌日の昼過ぎに寝袋を届けてくれたポールは、そのフライトの料金を受け取ってはくれなかった。「荷物を下ろす確認を怠った自分にも非があるのだから」という、彼らしい心遣いであった。

この二〇一八年の撮影行は、デナリで初めての冬を過ごして以来、オーロラが一枚も撮れない旅となった。

五十日間におよぶキャンプを終え、帰途につくセスナの助手席で、落胆を感じていなかったわけではない。だが、〈やりきった〉という確かな手応えが、自分に前を向かせてくれていた。

振り返ると、機窓にはアラスカ山脈がどっかりと横たわっていた。その中央には、ひときわ高くそびえたつデナリの姿があった。